Bauwelt Fundamente 75

Herausgegeben von Ulrich Conrads
unter Mitarbeit von Peter Neitzke

Beirat:
Gerd Albers
Hansmartin Bruckmann
Lucius Burckhardt
Gerhard Fehl
Herbert Hübner
Julius Posener
Thomas Sieverts

Um uns die Stadt
1931

Eine Anthologie
neuer
Großstadtdichtung

Herausgeber
Robert Seitz, Heinz Zucker

Friedr. Vieweg & Sohn   Braunschweig/Wiesbaden

Die Anthologie erschien erstmals unter dem gleichen Titel 1931
im Sieben-Stäbe-Verlag, Berlin NW 6.
Die vorliegende Ausgabe ist ein unveränderter Neudruck der 1. Auflage.
Das Vorwort zur Neuausgabe schrieb Ulrich Conrads.

Umschlagbilder nach Gemälden von Gustav Wunderwald (1887–1945)
Gartenstraße, Berlin N, 1928
Eisenbahnbrücke über die Ackerstraße, Berlin-Wedding, 1927

Alle Rechte vorbehalten
© Friedr. Vieweg & Sohn Verlagsgesellschaft mbH, Braunschweig 1986
Umschlagentwurf: Helmut Lortz
Druck und buchbinderische Verarbeitung: Lengericher Handelsdruckerei, Lengerich
Printed in Germany

ISBN 3-528-08775-7

Vorwort

Diese Anthologie vor Augen und im Kopf kommt man ganz schön außer Atem. Sie jagt uns von Stadtrand zu Stadtrand, projiziert Bilder über Bilder, noch ehe ein Eindruck verblaßt, fährt mit grellen Perspektiven dazwischen, kaum daß wir uns auf ruhigere Ansichten eingelassen haben. Geradezu ausfällig, wütend, aufbegehrend setzt sich das Stadtleben in Szene, treibt an und wird selbst angepeitscht. Der poetische Spiegel, den sich die Große Stadt hier vorhält, bricht und splittert. Delirium, Klage, Agonie. Mit einem Male ist alles ganz still. Man hört den Putz rieseln, das Holz in den Böden knacken, die Abwässer gurgeln. Man hört den Wind in den schütteren Gräsern am Bahndamm, hört, wie der Regen auftrocknet. Und immer, allabendlich, fernhin das dumpfe Stampfen der Fabriken. Ruhige, nichtssagende Gespräche Vorübergehender verstummen in Hofeinfahrten oder Alleen. Aus offenen Kneipentüren dringen Fetzen von Musik. Und durch die Vororte rasen Züge in dunkles Land. Kehren heim am frühen Morgen, wecken polternd unter weißem Dampf die Stadt zu neuer Unrast. Man muß nur hinhören: Wie außerordentlich waren 1931 allein die akustischen Kundgebungen der Stadt. Welche Expressivität und Bedeutungsfülle, wie reich die Assoziationen, wie beredt die Symbolkraft! Schon aber schlagen, nicht zu vergessen, schwarze Stiefel das Pflaster; überschriene Kommandos mischen sich ein, Marschlieder, die frösteln machen. Schon verschließt das hastende Keuchen erster Flüchtender die Ohren: nichts gehört. Nicht hinsehen! Der Untergang dieser Stadt ist besiegelt, ihr rasender Puls ein Abgesang.
Heute, 55 Jahre später, wissen wir, was einige jener, die diese Gedichte schrieben, vorausgeahnt haben in den lärmigen oder einsamen Großstadtnächten, unter obszönen Flüchen und bitterem Hunger, höllischen Transmissionen und grellem Bogenlicht, zwischen den flimmernden Märchen von Metro Goldwyn Mayer und in den Schlangen vor den Volksküchen: Der bösartige Aufstand

der inneren und äußeren Provinz, der Haß der Kleinbürger gegen die Große Stadt werden dieses Stadtwesen austilgen.
Es ist ausgetilgt. Die Stadt um uns ist nicht im gleichen Sinn mehr die laute und leise, jagende und verschnaufende, verruchte und bergende, aufrührerische und sanfte. Es ist, als ob sie mit einem schweren Tuch zugedeckt sei, das alle extremen Lebensäußerungen dämpft und erstickt: die Temperamente angeglichen, die Lüste eingesperrt; die Armut nicht mehr sichtbar, das Elend beschönigt; der Reichtum ohne zynische Gebärde, der Überfluß ohne stimulierende Folgen. Die sauren Dünste sind weggebombt, die modernden Souterrains trockengelegt und zugemauert, die Kolonialwaren von ehedem verpackt. Giftiger Smog, wo immer er auftritt, wird nun registriert und gemessen, der Müll und Schutt, wo er noch anfällt, spurlos zermahlen und verglüht.
Die Häuser der Enterbten jener ersten industriellen Revolution stehen, wenn sie noch stehen, wieder aufgeputzt da. Die Lücken, die der Krieg zwischen sie schlug, sind nahezu aufgefüllt, ebenso die weiten Stadt-Brachen, die er hinterließ. So lieblos und in mancher Weise schäbig die Reparaturen und die massigen Neubauten sich auch ausnehmen, immer sind sie doch funktionell. Die große Stadt ist nun durchorganisiert. Die politische Katastrophe von 1933 und, als deren Folge, die Stadtkatastrophen der Jahre 1942 bis 1945 geben längst keine Untergangsbilder mehr her. Doch ebenso gibt es kaum noch Bilder der Liebe, jener in und an der Großen Stadt verzweifelnden Liebe, die immer wieder den Haß auf sie aufwog. Auf eine schleichende Weise ist die Stadt arm geworden, und zwar nicht an dem, was sie als Existenzmittel leistet, was sie an Meßbarem und Zählbarem ihren Bewohnern abwirft, sondern in ihrem Wesen.
Es gibt kaum ein Mittel, dies eindringlicher zu belegen, ohne alle Umschweife, ohne Absicherung durch Fakten, ohne wissenschaftlich forschenden Diskurs, ohne weitere Begründung und Interpretation, als diese Anthologie von 1931. Man darf den Band 75 der Bauwelt Fundamente insofern als Ausrufezeichen nehmen; als Ausrufezeichen nicht nur für das kurze historische Gedächtnis der

heute Lebenden, sondern auch für die Reihe selbst, diesen Versuch, in die Weite und Breite der Bauaufgaben dieses Jahrhunderts zu gehen und dabei die Tiefendimension nicht zu verlieren und dem immer neuen Fragen nach der Stadt, der Architektur, der Behausung – wann wäre da ein Ende? – Gegenwart zu sichern.
Denen, die diesen Versuch mitgetragen haben, ob nun als Autoren und Übersetzer, Bearbeiter und Berater oder, wie früher Wolf Nagel und, seit 1973, Peter Neitzke, als kritische Lektoren, findige Entdecker, wache Beobachter und Anreger, kann ich bei dieser Gelegenheit – endlich einmal vernehmlich – Dank sagen. Was können Herausgeber allein schon ausrichten! Ideen zu haben, genügt ja nicht. Hinter den 75 Bänden steht harte Arbeit, weit mehr, als das von Helmut Lortz der Reihe vor 23 Jahren angemessene schlichte Äußere vermuten läßt.
Aber auch dem Verlag gehört Dank. Er hatte immer wieder „schwierige Titel" statt „Bestseller" zu zählen, die Enttäuschungen waren zahlreicher als die Freuden an vergriffenen Auflagen. Die gab es Gott sei Dank dann und wann auch. Aber es gab auf Seiten des Verlags ebenso jene trotzige Zähigkeit, das Erscheinen eines Titels oft für wichtiger zu halten als die Zahl sicherer Leser.
Der Herausgeber muß sich selbst gratulieren, daß er das sagen kann. Ulrich Conrads

VORBEMERKUNG

Wenn Verlag und Herausgeber diesem Band den Titel „Um uns die Stadt" verliehen haben, unter dem er durchs Meer der kritischen Meinungen recht glückhaft segeln möge, so bezeichnet der Ausdruck „Stadt" nicht den rein landschaftlichen, nur räumlichen Begriff. Gewiß, es soll auf den folgenden Seiten aus mehr oder minder wohlklingenden Verszeilen für den Leser eine Stadt errichtet werden, aber eine Stadt nicht nur der äußeren Fassade, sondern auch der Atmosphäre, dem Charakter, dem tieferen Gehalt nach. Es wurden deshalb auch Gedichte aufgenommen, die thematisch nur indirekt zugehörig scheinen, aber doch in ihrer Weise zur Verdeutlichung der Stadt und ihrer Auswirkung beitragen. Es soll ein Spiegelbild der baulichen und seelischen Besonderheit „Großstadt" hingestellt werden, wie sie sich dem heutigen Menschen darbietet. Das Spiegelbild kann kein vollständiges sein, soll aber die wichtigsten Merkmale aufweisen. Bei den rasch gewandelten Anschauungen in unserer Zeit sind dem Menschen augenblicklicher Prägung an der Stadt andere Eindrücke, andere Gedankenfolgen wichtig als vor etwa zwanzig, selbst vor erst zehn Jahren, seine Betrachtung erfolgt aus veränderter Perspektive. Hier liegt der Unterschied dieser Anthologie zu den früheren gleicher Stoffwahl begründet, hier ergibt sich auch die Berechtigung für ihre Zusammenstellung. Wenn um 1910 die Dirnenlyrik vorherrschte und der damals beginnende

Siegeslauf der Technik in pathetischen Gesängen verherrlicht wurde, so ist heutzutage die soziale Not das vorherrschende Thema, und den großen technischen Errungenschaften steht man oft mit Gleichmut oder mit einer überlegenen, wenn auch schwer erkämpften Ironie gegenüber. Es ergibt sich vor allem, daß sich der Blick mehr auf das Ganze, auf allgemeine Umstände geweitet hat. Deshalb soll auch im Folgenden weniger die Einzelheit als der Eindruck einer Gesamtlage geboten werden, und das Publikum wird ersucht, das Buch möglichst als zusammenhängenden Komplex zu nehmen und zu lesen.

Soweit sich eine organische Reihenfolge erzielen ließ, sind die Gedichte unter dem Gesichtspunkt einer Tagereise durch die Großstadt angeordnet. Manche bedeutsamen „Außenseiter" konnten nur instinktgemäß in dem Gefüge untergebracht werden. Die meisten Stücke vornehmlich weltanschaulichen Inhalts, die Ausblicke, Balladen und Figuren wurden als Herz und Kernpunkt des Ganzen in die Mitte gesetzt. Als ungefähre Eckpfeiler für die Fahrt des Auges und Hirnes können die vier — gastronomischen Gedichte gelten, die Alfred Richard Meyer eigens für diese Anthologie schrieb. Nörgler aus sozialer Erwägung werden um Verzeihung gebeten, aber die unumgängliche Tätigkeit des Essens gewährte in ihrer Schilderung den jeweils natürlichsten Abschluß für verschiedene Reihen von Eindrücken zu verschiedenen Tageszeiten.

Das Streben nach einem Gesamteindruck bietet auch die Erklärung für die mehr oder minder starke Berücksichtigung einzelner Autoren, zunächst einmal bezüglich des Alters. Es war ursprünglich nur an die Beteiligung junger Dichter gedacht. Bei der Durchsicht der vielen Tausende eingesandter Arbeiten erwies sich aber nur sehr Weniges als brauchbar. So ergingen Aufforderungen an längst bewährte, namhafte Lyriker — und diese Älteren waren keineswegs in der Sackgasse des betonten Expressionismus steckengeblieben, sondern bezeugten sich häufig als jünger und lebendiger als die Jüngsten. Für die Frage nun, wieviel Gedichte von jedem Verfasser verwendet wurden, spielte bei aller Rücksicht auf Qualität die Wertschätzung seiner Produktion an sich oft eine geringere Rolle als die Verwendbarkeit jeder Arbeit für das Mosaik. Darum wundere man sich nicht, große Talente und Prominenzen mit weniger Arbeiten vertreten zu sehen als andere Autoren, weil letzten Endes immer das Buch erwogen werden mußte. Natürlich soll auch die spezielle dichterische Art sichtbar werden, vor allem aber die labyrinthische Stadt, durch welche 93 Dichter gewandelt sind, „um uns die Stadt".

Und diese zu erkennen, in der besonderen Beleuchtung des Lyrikers zu erkennen, ist nach wie vor wichtig genug, mag man auch da und dort versuchen, den Schwerpunkt literarischen Bemühens wieder auf das Land zu verlegen. Die Kultur unserer Zeit wird nun einmal maßgeblich von der Stadt bestimmt, und es bedeutet verwerfliche Torheit, die Großstadt immer noch als Sündenbabel und Quelle allen Übels zu verschreien, sogar ihre Erheblichkeit zu leugnen. Auch in den Dichtern dieses Bandes regt sich manchmal ein spontaner Haß, ein wildes Erbittertsein gegen sie. Aber es muß doch etwas mit ihr los sein, wenn sich niemand auf die Dauer von ihr trennen kann. Sicherlich ist sie gar nicht so schlecht, wie sie vom flachen Lande her gemacht wird. Auf jeden Fall ist sie interessant, wie hoffentlich diese Anthologie auch, trotzdem sie eine lyrische Anthologie ist, unter Einbeziehung des leichteren Genres. Auf das abnehmende Gerede vom Tode des Gedichts braucht hier wohl nicht näher eingegangen zu werden. Im Gegenteil sieht es nach aller Nüchternheit und Leere sehr nach einer Renaissance der Verskunst aus. Und zum Träger dieser Wiedergeburt dürfte das Großstadtgedicht ausersehen sein, das in seiner Verbindung von künstlerischer Anschauung und lebendiger Fühlungnahme zum Zeitgeschehen den heutigen Menschen am ehesten bereichert.

Im September 1931.

    Robert Seitz.   Heinz Zucker.

Karl Vaupel:

Vor der Stadt

In der Frühe die Nüchternheit lacht,
schaut und lacht mich an. Welch Gebärde!
Kein Wind geht, kein Tier läuft.
Bin ich zum ersten Mal auf der Erde?

Aber die Stille stützt mich. Ich steh.
Felder atmen, leise, leise.
Alles macht eine schöne Dreh,
daß ich tief durch alle Sprachen kreise.

Sag ich zu meinem Nachbar: Du, höre!
winkt er stumm mit dem Kopfe: Ja.
Dann kommen groß durch die Leere
Bilder, die noch niemand sah.

Zum Beispiel: Einer regt im Vergessen
aus seinem Abgrund das volle Gesicht,
die Augen, die hungrigen messen
zart das schneeige Licht.

Am meisten aber, wenn sich die Leute
auf einmal nach hinten drehn,
aber dann, wie beschlichene Beute,
bleibt alles ursprünglich stehn.

Nur die Nüchternheit näher lacht.
Hat schon wie eine Hand zu mir bewegt
das Haus da, den Berg — und wacht
wie ein Wesen, das sich über den Horizont legt.

Theodor Kramer:

In den Zufahrtstraßen zwischen den Fabriken

In den Zufahrtstraßen zwischen den Fabriken,
die weit vorgeschoben lagern um die Stadt,
stehn in staubversengten Büscheln Gras und Wicken,
Öl und Lauge färben selbst die Disteln matt.
Teer und Pappefetzen alter Holzbaracken,
roten Ziegelschutt und losen Mauerstein
wälzen in den weichen Boden zu den Schlacken
früh und spät die Felgen schweren Fuhrwerks ein.

Auf dem Rasenstreifen zwischen Damm und Planken
halten Hilfsarbeiter ihre Mittagsruh,
schaun dem Hoch- und Niedergehn der Zweigbahn-
                                          schranken
und dem Scherengang der schwarzen Krane zu.
Rebschnurpeitschen knall'n und blasse Kinder setzen
einem Kreisel nach bis übers freie Gleis;
Bälle steigen aus umplankten Fußballplätzen
und die Scherbenzäune klirrn im Staubwind leis.

Zu sind alle Tore, bis die Schlote blasen;
auf der Sohle weilt der Rotte schwerer Schritt
also lang, als höbe so er Grund und Rasen
große Stücke aus und nähm nach Haus sie mit.
Wann die Gaslaternen grau die Mauern spachteln,
stehn die Zufahrtstraßen Schächten gleich und stumm;
auf der Suche nach verlornen Zündholzschachteln
und nach Abfall drückt sich noch ein Greis herum.

Heinrich Lersch:
Lokomotivschuppen

Vor der bogengespannten Bahnhofshalle, ihrem zügeschluckenden Schlund,
neben den schwarzüberhäuften Kohlenrampen,
bei den übermannshohen Säulen der Speisewasserhydranten
steht, von singenden Gelblichtbogenlampen übergrellt,
der Lokomotivschuppen, wie eines Tempels halboffenes Rund,
Herz der donnernden, länderverbindenden Eisenbahnwelt.

Schwarz ist des Tempels undurchsichtiger Hintergrund;
Licht steht vor den zwölf weitoffenen Toren, davor ein strahlender Schienenstern.
Kreuzender Weichenkern,
zwölf Schornstumpen rauchen, in ihnen zwölf Exhaustoren fauchen,
zwölf Lokomotiven am Start, hochdruckgespannt,
messinggeschnittene Nummern vor der Rauchkammerstirnwand,
Nummern aus dem G-, P- oder D-Zug-Kollektiv;
gurgelnde Injektoren
pressen Wasser, saugen aus Tenderfülle,
drücken hinein in die feuerdurchtobten Adergestänge der Siederohren,
Dampf quillt, schwillt, brüllt, dringt in die feinsten Poren
des Fünfhundertquadratmeterkessels, wirft sich durch die Spiralen der Überhitzerschlangen,

Wirft sich mit millionenkilostarken Dampfprallpranken
durch Dampfdom, Leitung, preßt vor dem Schieberregulator,
auf Stopfbüchse, Ventilsitz, Hahnschlitz, will mit Gewalt hervor.

Über dem Aufstieg am Tender zum Heizraum zeigt
sich ein spannend prüfendes Männergesicht,

Harte Stimme, die fragend spricht:
„Fertig."

Die Doppelnüstern der Sicherheitsventile gellen warnend
Überdruckschrei!

Langsam kreisend dreht sich der Schienenstern,
Der Drehbühnenwärter gibt Zeichen: „Frei für D 8710"
Unmerklich, spielend schiebt die Regulatorstange;
    durch die bannende Dampfrohrbahn
wirft sich der Millionenkilodampfdruck zylinderan.
Kolben gegen Kurbeldruck, Pleuel schieben, Räder
    drehn,
langsam schiebt, rollt — Puch — Prallstoß, Dampf-
    rauch-Gemisch
Zylinderhahngezisch,
Puch, drei vier Stöße drehn, bühnenwärts rollt die
    lange Lokomotive, zehn Meter stehn
Kessellang, schon, der Tender nun, noch zehn Meter
    lang.

Durch die Weiche rollt in die Kurve der Koloß, die
    Männer hat niemand gesehn.

Hinjagt zwischen wartende Vorortzüge, an Güterwagen
    vorbei die Maschine zum Rangierschienenstrang,
Ölglänzend, frischgeputzt, sauberschwarzblank.
Nur die bronzenen Armaturen schimmern wie mattes
    Gold.

Lokomotiven, ihr im halbrunden Schuppen, wartend
    am Start
kamt ihr zurück von der Fünfhundertkilometerfahrt,
Kroch ich, Bahnkesselschmied, wie in glühndes Höhlen-
    gestein,
in eure heißen Feuerbüchsen hinein:

Nachwalzte dreihundert Siederöhren, stemmte achtzig
    Stehbolzen, machte Deckenanker dicht,
Verbrannte an euren Kupferplatten mein müdblödes
    Gesicht.
Saß, begrellt vom strahlenden Kabellicht in eurem
    Gluthöllenkasten,
immer nur gewalzt, gebördelt, gestemmt
mit ölrußschmierigen Händen, schweißnassem Leib,
    rußsteifem Hemd;
Lokomotiven, kamt ihr zwischen zwei Fahrten, Kassel
    —Gladbach,
waren wir in nächtlicher Schicht:
Putzer, Schlosser, Kesselschmied wach — indessen der
    Führer und Heizer schlief,
bis sie der Dienst wieder an Schürloch und Regulator
    rief.
Wir waren Mensch und Maschine, Nummern im G-,
    P- oder D-Zug-Kollektiv.

Robert Seitz:
Einfahrt in eine fremde Stadt
I. Wärterhaus
Gekettet an die rücksichtslose Schranke,
Die wie ein Messer trennend niedergeht,
Verbringt es seiner Tage leere Zahl.
Wohl wünscht es sich der Räder große blanke
Gewaltige Wucht. — Doch schon ist das verweht:
Vorbei an Stein und Mörtel rollt der Stahl.

II. Vorstadt
Sie stellt an harten schwarzen Schienensträngen
Ihr armes Herz in nackten Mauern dar
Und hinter trüben Fenstern weint ihr Blick —
Und in dem Kinderspiel auf dunklen Hängen
Von Kohlenbergen liegt das junge Jahr
Schon wie ein enges, nutzloses Geschick.

III. Bahnhofshalle
Nicht wie ein Tor, das gastlich dich empfängt,
Erschließt sich dir der Bau aus nacktem Eisen,
Er zieht dich ohne Lust in seinen Bann.
Du suchst, ob nicht dein Blick ein Lächeln fängt,
Dich wieder freundlich zu dir selbst zu weisen.
Doch eine fremde Stadt schiebt sich heran.

Bert Brecht:

Trenne dich von deinen Kameraden auf dem Bahnhof

Trenne dich von deinen Kameraden auf dem Bahnhof
Gehe am Morgen in die Stadt mit zugeknöpfter Jacke
Suche dir Quartier und wenn dein Kamerad anklopft:
Öffne, o öffne die Tür nicht
Sondern
Verwisch die Spuren!

Wenn du deinen Eltern begegnest in der Stadt Hamburg
       oder sonstwo
Gehe an ihnen fremd vorbei, biege um die Ecke, erkenne
       sie nicht
Zieh den Hut ins Gesicht, den sie dir schenkten
Zeige, o zeige dein Gesicht nicht
Sondern
Verwisch die Spuren!

Iß das Fleisch, das da ist! Spare nicht!
Gehe in jedes Haus, wenn es regnet, und setze dich
       auf jeden Stuhl, der da ist
Aber bleibe nicht sitzen! Und vergiß deinen Hut nicht!
Ich sage dir:
Verwisch die Spuren!

Was immer du sagst, sag es nicht zweimal
Findest du deinen Gedanken bei einem andern: ver-
       leugne ihn.

Wer seine Unterschrift nicht gegeben hat, wer kein
 Bild hinterließ
Wer nicht dabei war, wer nichts gesagt hat
Wie soll der zu fassen sein!
Verwisch die Spuren!

Sorge, wenn du zu sterben gedenkst
Daß kein Grabmal steht und verrät, wo du liegst
Mit einer deutlichen Schrift, die dich anzeigt
Und dem Jahr deines Todes, das dich überführt!
Noch einmal:
Verwisch die Spuren!

[Das wurde mir gesagt.]

Bert Brecht:
Laßt eure Träume fahren

Laßt eure Träume fahren, daß man mit euch
Eine Ausnahme machen wird.
Was eure Mutter euch sagte
Das war unverbindlich.

Laßt euren Kontrakt in der Tasche
Er wird hier nicht eingehalten.

Laßt nur eure Hoffnungen fahren
Daß ihr zu Präsidenten ausersehen seid.
Aber legt euch ordentlich ins Zeug
Ihr müßt euch ganz anders zusammennehmen
Daß man euch in der Küche duldet.

Ihr müßt das ABC noch lernen.
Das ABC heißt:
Man wird mit euch fertig werden.

Denkt nur nicht nach, was ihr zu sagen habt:
Ihr werdet nicht gefragt.
Die Esser sind vollzählig
Was hier gebraucht wird, ist Hackfleisch.

Aber das soll euch
Nicht entmutigen!

Heinz Zucker:
Weckruf

Noch hängt der Stubenschlaf als brauner Dämmer
Um mich und mindert mein Gesicht und Ohr,
Doch viel beharrlicher sind dunkle Hämmer,
Auch rauhe Eisenbahn keucht schon hervor.
Gleich einem Balken wird mein trunkner Sinn,
Aus Müdigkeit gedrängt, emporgestemmt.
Der Lärm mit breiten Schultern stützt ihn hin
Und wächst ob meinem Lager ungedämmt.

Nicht viel Minuten bleibt die Angst, dann ist
Der Tag und sein Geräusch Musik geworden.
Mit klarem Grau füllt er die Hand und mißt
Die Sprungkraft seines Lichts an hohen Borden.
Vor Dank, weil ich ihm nunmehr gutgesinnt,
Erglänzt er und befiehlt der Straßenbahn,
Daß sie für mich das Madrigal beginnt,
Was sie sonst nur am Kirchenrumpf getan.

„Wach vollends auf!" tönt's vom belebten Blech,
Vom Rädergruß milchspendender Gefährte.
Und Kehlen sind wie Glocken ernst und frech,
Von denen eine lächelte und währte.
Gleich schnellt die Stirn an's kühle Fensterglas:
Da Neugier anhebt, muß die Nacht zerstieben.
Ein Mädchenleib verzückt die Häuser, daß
Sie töricht schwanken und den Morgen lieben.

Zwar stehn dann Himmel, Schornstein, Greisenmauer
Erneut als starre Soldateska da.
Schon pulsen aber hilfreich Gassenhauer
Und mahnen unabschüttelbar und nah:
„Erheben mußt Du Dich mit allem Blute,
Mit Kopf und Knochenbau zu deinem Tun!"
Es strafft Dich. All die große Schwingung flute
Ins frische Nervennetz und walte nun.

Hans Alfred Kihn:
Stadtbahnfahrt durch Berlin

Hoch über donnernde Brücken rollt der Zug.
Längs hastet grauer Straßen Einerlei.
Lang schrillt ein Pfiff. Der Rauchgestalten Flug
In weißen Fetzenschleiern weht vorbei.

Fern bäumt sich eines Bauwerks Sandsteinknaul,
Das seine Zinnen in den Himmel sägt.
Die Zwischenstraße klafft ihr Pflastermaul
Ganz flüchtig auf und ist vorbeigefegt.

Auf Tennisplätzen tollt es weißgebauscht.
Parkstraßen wehn dahin. Ein Prunkbau ragt.
Altane hängen bröckelnd, baumumrauscht.
Ein Reiterschwarm durch Waldesschatten jagt.

Schwarz wellt dahin ein Kohlenhöhenzug,
Wo überm Hafenplatz das Wetter grollt.
Fabriken rauchen. Unterm Wolkenflug
Sticht grell ins Grau der Reichstagskuppel Gold.

Im Schacht des Hofes, wo der Teppich fliegt,
Klopft forsch die Magd. Die Fenster vom Spital
Stehn gütig offen, und dahinter liegt
Ein schmachtend blasses Volk im Krankensaal.

Tief schaukeln Kähne, Zillen, trüb umspült,
Längs eines Viaduktes schwarzer Flucht.
... Sekundenkurz von buntem Volk durchwühlt
Der Friedrichstraße endlos enge Schlucht ...

Der Rathausturm, mit Uhren rund bekleckst,
Ragt rot und eckig. Bleiern schwelt die Spree.
Des Domes plumpe Silhouette wächst
Konditorschaumig in den Wolkensee.

Museen steigen aus dem Dächermeer.
Des Schlosses Kuppel ballt ihr grünes Rund.
Ein Parthenon von Säulen stolz und hehr
Beherrscht der Börse krabbenreichen Sund ...

Nun Handelshäuser. Finster, riesenstarr,
Und Firmenschild an Firmenschild gereiht.
Kontore, Lager, Ballen, Packerschar.
In hundert Fenstern kritzelt Emsigkeit.

Die Straßenstrahlen, gelb, bestaubt und schwül,
Im Halbkreisfluge gleiten tief vorbei,
Mit umgerührter Menschen Taggewühl
Im bahndurchschnittnen Rasselwagenbrei ...

Die Brücke schwebt, von weißem Qualm umballt;
Frachtkähne, Dampfer, plumper Schuppen Reihn —
Der Magazine klobige Gewalt
Entragt dem klirrenden Verworrensein.

Schwarz rollts dahin mit Zischen und Gefauch,
Im engen Wasser schlingert trüber Glast,
Und droben mündet braungesträhnter Rauch
In aufgetürmter Wetterwolken Last.

Geleise ringeln sich gekrümmt und blank
Durch kohlenstaubige Gründe wie Gedärm
Aus Eisenleib ... Baracken fliehn entlang;
In grauen Straßenkesseln wirrer Lärm ...

Tief alter Häuserkrüppel Patina.
Man sieht in kurzem Überwältigtsein
Die Türme, die man eben nahe sah,
Aus fernem Stadtdunst tauchen spielzeugklein.

Brandmauern rumpeln nah und hoch einher.
Dann öffnet sich die Ferne gelb beglänzt:
Des Ostens uferloses Häusermeer,
Von Schornsteinfingern nebelhaft begrenzt.

Auf Stralau neue Sonnenfreude blitzt.
Schon sanken rückwärts Kuppel, Turm und Dom.
Von schlanken Booten sommerlich durchflitzt
Wogt durch die Tiefe Treptows breiter Strom.

Musik am Wasser, Wellenspiel und Tanz.
Laubinseln; Rasenflächen, weich umschweift.
Lichtgrünes Knickholz; Birkenflimmerglanz.
Die Rieseneiche in die Wolken greift.

Fern donnert noch Berlin und klirrt und dröhnt
Mit dumpfem Werkvolk, das zur Arbeit keucht,
Mit breiter Brücke, die im Eisen stöhnt,
Mit dunklem Fluß, der unter Lasten schleicht.

Um Fernsprechglocken graut ein Wolkenmeer,
Dazwischen blau der Himmel blitzt wie Stahl.
Kalt schüttet Gold die Sonne drüber her,
Umsträhnter Dächer funkelndes Fanal.

Walter Bauer:
Während der Fahrt

Wir in den Städten
fahren mit mancherlei Wagen,
die der Mensch sich erfand,
dem Unendlichen zu entgehn oder (wer weiß) sich ihm
                                                    zu nähern.
Groß ist die Stadt.
Unter den Füßen zittert der Boden
der Bahnen und Bahnsteige
und wie Flaschen auf einem Regal,
leer oder gefüllt,
schwanken wir von der Erschütterung
der wiederbeginnenden Fahrt.
In dem leeren Flußbett der Strecke
sind wir wie Fische, doch: ohne Willen
als dem zur Fahrt.
Sprechen die Fische miteinander?
Sagen sie sich die Tiefe des Stromes?
Manchmal lesen wir, was die Hand hält.
Aber man schweigt.
Die Station schüttelt uns aus dem Wagen
wie Wind den Samen aus der aufgeplatzten Frucht.

Franz Mahlke:
Hafen im Frühnebel

Schiffslichter schimmern grün und rot durch graue
Bleischwere Bodennebelwände.
Wie Hirsche röhren dicke Eisentaue,
Und Kräne krampfen grausam ihre Hände
Um Kisten, Tonnen, Ballen — was sie fassen,
Das drehn sie einmal halb im Kreise,
Um wie im Spiel es wieder fallen zu lassen. —

Ein Wagen kreischt am Kai. Die Gleise
Der Uferbahnen kriechen träg wie Schlangen
Im feuchten Kies; Sirenen heulen.
Es bebt in ihrer Brust ein Fernverlangen. —
Der Nebel fällt, und Goliathkeulen
Gleich wachsen Straßenbäume steil ins Grau.
Durch einen Schleier lugt die Sonnenfrau.

Arnold Krieger:

Die Werft

Gen Himmel wuchten düstre Eisensäulen,
und in den Strom gestemmt, starrt Riff an Riff.
Schrägher die hexischen Sirenen heulen,
und ungetüme Walzenhämmer keulen
aufs splantennackte, eingedockte Schiff.

Ja, hier ist jeder Spund an seinem Posten,
hier geht's dynamisch und hydraulisch her.
Die Schraubenböcke und gegoss'nen Pfosten,
nichts kann dem Schiff am Leib im Flutgischt rosten,
denn es bekommt ein Kleid aus Zink zur Wehr.

Die Kräne drehen sich in Wippgelenken
und donnern ihre Hübe auf den Kai.
Selbst wenn man wollte Riesenwale henken
an ihrem Stahlgewind, sie würdens schwenken
schweißlos und sacht, als wäre nichts dabei.

O Symphonie von Kesseln, Schloten, Bohlen,
Fäusten und Griffen, Maßen messerscharf!
O, Menschheitsschöpfung türmt sich, menschbefohlen!
Und wer es abseits schaut, strafft sich verstohlen,
daß er den Namen Mensch selbst tragen darf.

Sepp Hamburger:
Im Armenviertel.

Die Morgensonne kritzelt eine tiefe Gasse
Launisch zwischen die öden Häuserreihn,
Dünn wie aus einer Unterstützungskasse
Zertropft ihr Gold über dem muffigen Stein.

Da lässt sie plötzlich ihre Strahlen in die Pfützen
                                                    springen,
Macht auf den blinden Fenstern einen lustigen Ritt,
Sie würde die Gasse so gerne zum Lachen bringen,
Aber die macht nicht mit.

Was sich in Löchern schlammverdreckt,
Was auf kanalverstopftem Weg sich mühsam windet,
Wird von der Sonne übereifrig aufgeleckt,
Warum sie das so schmackhaft findet?

Bald hat sie alles aufgezützelt,
Die krumme Gasse will schon beinah lachen,
Da sieht sie ihre Kinder blaß erwachen,
Da wird sie welk und alt und taub,
Und ihre Haare werden weiß vom Staub.

Hans Reiser:
Am Morgen

Ich habe Hartes durchgemacht
bei Wasser und bei trocken Brot
nach zügelloser Liebesnacht,
andere wären längst schon tot.
Oft keine Zigarette mehr,
lieg auf dem Divan leichenschwer,
steh auf, geh naus, kaputt und blaß,
und fisch nach Stumpen auf der Straß.

Und schlapp nachhause, müd und dof,
und höre den Krawall im Hafen,
die Puffer im Rangierbahnhof,
da habe ich schon oft geschlafen.
Der Rauch qualmt und der Wind tanzt auf der See,
der Schutzmann döst, zwei fahle Huren
spähn aus dem matterhellten Fenster
wie Gespenster,
gräßliche Lemuren,
besoffen und im Negligée.

Es wird schon hell, gelähmt und blind
tapp ich im Zwielicht, wie beschwipst,
die Zweige ruhn, zerrauft vom Wind,
die Amseln singen, was du liebst.
Gesträuch hängt schief von alten Zäunen
und Schatten taumeln höhnisch fort,
ich bin hin, ich kann nicht weinen,
vertrocknet, kalt, alt und verdorrt.

Günther Franzke:

Karriere Berlin

Früh am Morgen, nich dran denken:
Ringbahn, raus zur AEG;
eingepfercht auf harten Bänken,
draußen Sommer, draußen Schnee,
Quergebäude mit Fabriktor,
etwas Laubenkolonie,
die Sirenen als Musikchor,
ein Plakat für Amnestie.
    Und dann Büro. Die Schreibmaschine.
    Der Werbebrief: Von Stahl und Stein.
    Zum Frühstück eine Mandarine.
Berlin verdient, — und ich bin so allein.

Spät am Abend, nich dran denken:
Bummel durch die Friedrichstadt,
Augensenken, Halsverrenken,
Pärchen rings; wer hat, der hat.
Lichter über alle Maßen
auf der Millionenflut.
Scharfe Ecken, Seitenstraßen:
die da stehn, die ham es gut.
    Und immer lang an den Lokalen;
    die Überchefs beim Stelldichein
    mit Damen, die sich süß bemalen.
Berlin gibt aus, — und mich lädt niemand ein.

War das mal —? Man wohnt im „Eden"...
Mir geschah das einfach so:
ich stand vor den Luxusläden,
hoffnungslos (am Zoo da wo).
Erst gefiel ich Ihm von hinten,
dann kam sprunghaft Wort auf Wort;
ich war Nichts vor seinen Finten,
und wir gingen langsam fort.
    Schon früh in seinem Buick nach Wannsee.
    Und spät —: es gibt für mich kein „Nein".
    Ich muß ja, wenn ich ihn bloß anseh!
Berlin macht Schluß, — wir schlummern drüber ein.

Curt Wesse:
Dächer und Türen

Schirmenden Händen ewiger Mütter gleich
sind die Dächer auf den Häusern errichtet.
Zerschlagene Wälder verließen ihr Reich.
Sie haben die Dielen der Häuser geschichtet.

Noch wiegt sich Gnade in schwingenden Türen,
noch lebt in ihren sich öffnenden Händen
der Wald und will uns ins Atmende führen,
doch der Wink verebt vor den starrenden Wänden.

Die Stämme greifen von Mauer zu Mauer.
Auf ihren Armen wuchtet Stampfen und Treten.
Unter den Schuhen zuckt ihre schweigende Trauer.
Dachbalkige Riesenhände falten sich, beten

über der Mörder dunkeles Tun.
Unendliche Milde gestürzter Gestalten
trat aus des Waldes verlassenen Schuhn
in die Häuser, den tötenden Menschen zu halten.

Erika Mitterer:

Tennisplatz am Morgen

Rosa Insel im grauen Gewoge der Stadt,
von den Bäumen des Parks gesäumt mit staubigem Grün,
Es fällt der Lärm von jedem, der Dich betreten hat,
um sich im reinen Gesetz hurtigen Spieles zu mühn.

Für eine Stunde ist hier jeder ein Mensch ohne Namen,
eine Stunde lang herrscht Schnelligkeit, Auge und Hand,
— und die erschlafft in der Früh von dunstigem Lager kamen,
werden hier wach und erregt, werden hier jung und gespannt.

Oh, daß dies Licht in den Augen bliebe, wenn über Maschinen,
wenn über Zahlen geneigt, Ihr zähe den Lohn Euch ersitzt! —
Aber schon unter der Dusche welken wieder die Mienen,
und so sind sie beim Ausgang nur noch ein bißchen erhitzt,

sind sie den andern fast gleich, wenn sie im Amtsraum
erscheinen,
an ihrem braunen Gelenk das Zifferblatt prüfen sie
viel ...
— Dennoch hab Dank, du in grauer Erstarrung von
Steinen
rosige Insel, für Sonne und Frühwind und Spiel ...!

Jakob Haringer:
Die Elektrische
Heut hab ich eine ganz alte Tramway gesehn,
Da bin ich so traurig geworden und blieb, ihr nach-
blickend, stehn,
Und mir kam vor, daß ich genau so ein armes Tier;
Wie der Elektrischen geht's auch mir und dir,
Immer sind wir im Kasten unsrer Leiber gesperrt,
Immer ist da was, das so gräßlich bimmelt und plärrt.
Immer sausen wir blöd im selben Trott und Geleis
Und keiner, keiner, der mehr um die Freiheit, den
Himmel weiß.
Arme Elektrische, fährst du nicht doch noch ins Paradies,
Oder bleiben wir ewig in diesem steinern Verließ?
Und in dir hetzt nur Lüge, nur Elend, nur Kummer
und Hohn,
Du lieber Gott! mach alles wieder mal grün und süß.
Und vielleicht fliegt doch noch die Tramway mit uns
eines Tags davon.

Alfred Richard Meyer:
Aschinger
Als 1925 der Herr Reichspräsident von Hindenburg in
Berlin einzog,
Stieg der Konsum der Aschinger-Bierwürste an diesem
Tag von 40000 Paaren

Auf 65000! Solch polyphagisches Kuriosum notiert
sich der Chronolog
Und möchte das in gleich strenger Observanz lyrisch
bewahren.
O Mittagessen der Berliner Studiker an den langsamen
Tagen vor ultimo!
Dazwischen vielleicht einmal Löffelerbsen mit Speck
als Abwechselung.
1892 war es in der Neuen Roß Str. 4 — ich gedenke
des Tages noch froh
Und der ersten Aschinger-Bierquelle und da bin ich
gleich wieder jung!
Neun Millionen Pfund Roggenmehl müssen rund im
Jahre herhalten
Für all jene Brötchen, die wir so ganz nebenbei gratis
verzehren.
Man soll, möchte ich meinen, seine Wohltäter offen mit
Zahlen ehren
Und nicht mürrisch omphaloskopieren: unsres Bauches
groteske Falten!

Theobald Tiger:

Häuser

Mittleres Haus in der Köpenicker Straße, in der Avenue
des Ternes, am Harvestehuderweg —
du bist vollgelebt.

Hinter deinen Tapeten hat sich Angelebtes versammelt,
nachts knistert es,
tagsüber dünsten dort hundert Leben aus,
mittleres Haus.

Kotdurchrieselt stehst du,
von Drähten durchzuckt,
ein lebendiger Leib;

oben fassen die Gabeln deiner Antennen in die Luft und
    ziehen die Musik heran, die Helferin der Gemeinheit;
mit Recht spannen sich die Radiotrapeze, auf denen die
    Ätherwellen turnen, auf dem Dach aus,
neben den Hypotheken —
denn wer könnte Hypotheken handeln,
ohne die abendliche Hilfe Beethovens!

Du bist nicht wie jene Hausgreise,
in denen das Mauerleben längst abgestorben ist;
tot ruht der Kalk,
die Wanzen weinen
und beißen, angefüllt mit Verzweiflung der Isoliertheit;
nichts mehr sagt die Treppe,
schweigsam ist die Tür wie ein gefalteter Greisenmund.
So alte Leute sagen nichts mehr —
sie haben zu viel gesehn.

Du bist ein mittleres Haus.

Du bist nicht wie die Neubauten, die Gefäße des Unglücks,
in deren weißgetünchte Schubschachteln der Mensch
    hineinfällt,
hier seine Scheidung, seine neugebornen Kinder, seine
    Malheurbriefe zu erwarten;
kindisch gluckert die Badewanne, das junge Ding,
albern blitzen die Klinken,
und tapsig stuckert der eben konfirmierte Fahrstuhl in
    die Höhe und macht sich mausig —
wie mühsam ist es, ein so funkelnagelneues Behältnis
    vollzuwohnen!
So junge Leute sagen nicht viel —
sie haben noch zu wenig gesehn.
In ihnen vergeben die Mieter ihre Kraft — seelische
    Trockenwohner.

Du bist ein mittleres Haus.

Du hast schon viel in dir gehabt, Mutter der Möbel,
aber noch nicht genug.
Empfang, schlürf ein, spei aus:
Jeder Umzug eine kleine Geburt.

Du bist grade dabei, zu leben.
Deine Rohre rauschen, es kocht in den Ausgüssen, es
   brodelt im Badeofen.
Durch deine Steine sickert Weinen,
deine Ziegel schwitzen Elend aus
und gerinnendes Stöhnen der Komödien der Nacht.
Kalkiger Querschnitt!
Durchbrüllt vom Lärm der Wirtschaften,
vom sinnlosen Klingeln
und vom Quäken näselnder Phonographen!

Mancher wohnt oben in dir,
mittleres Haus.
Und abends,
wenn der Film der Geschäftigkeiten ruht,
steckt ein Hund seinen Kopf zum Fenster heraus,
ernsthaft wie Gottvater die Straßenwürmer betrachtend,
seine Pfote hat er aufs Fensterbrett gestellt —
das ist für ihn eine zweite Erde.

Mittleres Haus.

Frank Warschauer:
Asphaltgesicht

Mensch ohne Sterne, Asphaltgesicht,
wie trägst Du die schmierigen Abende mit Dir herum,
trüben Dunst, ausgeatmete Luft, ätzenden Dampf des
                                           Benzins,
Teerbrodem, Geruch von Kot und Modern aus Kellern,
Nacht ohne Wind und Tag ohne Licht,
Hinweg,
Mensch ohne Sterne, Asphaltgesicht.

Ernst Lissauer:

Panische Erweckung

Livrierte Pförtner taten Dienst am Tor,
Marmorn und stucken schimmerte der Flur.
Grau stieg ein Läufer von Velours
Durchs stille, kühle Treppenhaus empor.
Im dritten Stockwerk wohnten wir.
Verdunkelnd hingen Jalousie und Store;
Schwer rollte, doppelgriffig anzuziehn,
Vorm weiten Eßsaal die massive Tür.
In grünen Kacheln prangte der Kamin.

Am schmalen Gang braun ragte Spind bei Spind,
Blonde Parkette spiegelten gebohnt, —
Doch selten stöberte am Fenster Wind,
Nur kurze Fristen leuchtete der Mond.
Kein Morgen- und kein Abendrot erglomm,
Ein Viereck Himmel glänzte ausgespannt;
Hoch starrte kahl des breiten Hofes Wand,
Daran aus Kästen grauer Epheu klomm.

Hier wuchs ich sonder Sorge und Gefahr;
Kaum mehr gedenke ich des fernen Knaben,
Der ich durch lange Jugend war,
Doch ein Mal muß es sich begeben haben ...
Selten betraten wir die Räume vorn,
Das grüne Zimmer und den blauen Saal,
Lärm großer Straßen scholl gedämpft, verworrn,
Trambahnenklingeln, Droschkentraben —
Mich dünkt, begeben hat es sich ein Mal ...:

Glut lastend schwält, dünnsträhnig flitzt
An plüschnen Decken kurzes Fliegenschwirren, —
Scheppernd der Lüster schwankt und blitzt, —
Ein Tier, gezottet gelb und braun, —
Sein Horn streift an die Prismen, daß sie klirren,

Indes die Hufe tief den blauen Teppich graben.
Ein Bock? Zwei Menschenaugen schaun
Aus schwarzumrahmten Höhlen auf den Knaben ...

Plötzlich spült eine Rinne harscher Luft,
Ein Fließen quert sie, schwer von Salz,
Kühl stäubt der Atem eines Wasserfalls,
Aus Bienenwaben kocht ein warmer Duft.
Eisweiß längs den Tapeten flackt ein Blenden. —
Gletschern im Spiegel aufgetürmtes Scheinen
Von Gipfeln, Fernern, Graten, Firnen, Wänden, —
Da seh' ich seine Augen sehn:
Es sind die meinen, —
Spitz lauscht das Ohr in großem Hören, —
Und plötzlich kann ich sein Gehör verstehn:
Ich höre Hirsche röhren,
Ich hör' Passat, ich höre Föhnwind wehn,
Bebende Stöße aus der Erde grollen,
Rhein, Donau, Weichsel, Wolga, Ganges rollen, —
Die Hände packen tatzend nach den meinen,
Schwer über meine Stirn neigt sich das Horn,
In langsam zähem Born
Schwemmt lohend
Mir in die Augenhöhlen gelb ein glühend Scheinen. —
Ich schreie laut, —
Pan sieht zurück, den Blick voll Zorn,
Drohend.

Georg Fink:

Haus in Berlin O

Das ist der Hof von unserm Haus:
Ratte lebt darin und Maus.
Wir hielten uns auch im Stall Kaninchen,
Hahn, Henne und viele Hühnchen,
aber immer in der Nacht

haben die Ratten sie kaputt gemacht.
Manchmal erwacht man, sie quieken so laut,
daß es einem Kinde graut.
Die Sonne kommt nicht über das Dach,
und es ist dunkel den ganzen Tag.
Du glaubst, du kommst in ein Grab.
Umsonst ich einen Strauch gesetzt hab.
Flieder. Aber er braucht Luft und Licht,
und darum blüht er niemals nicht.
Ich hab sie gezählt: hundertzwölf Fenster
sehen hinab in unsern Hof.
Die Kinder drin sind wie Gespenster,
Liese schreibt an die Mauer: Fritze is dof.
Wir spielen hinter Karren und Müllkästen Versteck
oder Räuber, Triesel, Völkerball, Zeck.
Aber alles kann ich nicht mitspielen, ich kann schlecht
                laufen,
ich muß zusehn, wenn die andern raufen,
weil mein Kopf so tief in den Schultern steckt.
Die Kinder sind gut, nur die Liese neckt:
„Buckelfritze, wolln wa mal tanzen,
aber erst leg ab Dein jeschwollnen Ranzen."
Dann sitz ich auf der Kellertreppe,
unten wohnt Emmi, die Bahnhofschneppe,
sie steckt mir einen Apfel zu
und sagt: Arme kleine Jöhre Du ...
Aber einmal, in der Nacht, hab ich gesehn
überm Hof, wahrhaftig, den goldnen Mond stehn,
ich erwache so oft mitten in der Nacht,
und dann hab ich immer nachgedacht:
„Was machen jetzt die Leute, die nicht schlafen,
und der Grunewald und alle die Chausseen,
und Weißensee oder der Westhafen,
jetzt möcht ich mal den Humboldthain sehn,
und was sie in den Budiken machen,
wie sie saufen und gröhlen, schlafen, hinfalln und lachen,
jetzt möcht ich mal im Wald sein,
o, da wird es kalt sein,

aber ein Engel nimmt mich unter seine Flügel,
und er führt mich auf einen Hügel
und winkt dem Mond. Der ist auf einmal ein Kahn,
sachte schwimmt er heran wie ein silberner Schwan,
und ich steige ein, und ich lege mich hin
und wache erst auf, wie ich im Himmel angekommen
bin."

Robert Adolf Stemmle:
Neues Kreisspiel für Mädchen

Eine: Ringel Ringel Reihe.
      Wir sind der Kinder dreie.
      Ihr Beide wohnt im Hinterhaus.
      Und ich, ich wohn nach vorne raus.
      Da machen wir uns gar nichts draus.
      Wir sind der Kinder dreie.

Zweie: Ringel Ringel Reihe.
      Wir sind der Kinder dreie.
      Der Vater muß auf Arbeit,
      Die Mutter muß die Rolle drehn,
      Die Brüder müssen stempeln gehn.
      Wir sind der Kinder dreie.

Dreie: Ringel Ringel Reihe.
      Wir sind der Kinder dreie.
      Eure Mutter grüßt meine nicht,
      Und meine Mutter grüßt Eure nicht;
      Denn ich, ich wohn im Vorderhaus.
      Und wir sind aus dem Hinterhaus.
      Da machen wir uns gar nichts draus.
      Wir sind der Kinder dreie.
      Ringel Ringel Reihe.

Hans Lorbeer:
Frühling am Bretterzaun

Der Tag ist eingekreist von Mietskasernen.
Um einen Garten schwankt ein Bretterzaun.
Ein Bäumlein trägt sein Sehnen in die Fernen.
Die Blüten gleichen ungezählten Sternen,
— versinken maitags im Oktoberbraun.

Ein Junge schreibt mit Kreide an die Bretter;
Der Name Elsa ist sein liebstes Wort.
Ach — Bretterzäune sind nicht Albumblätter —
Und morgen wischt vielleicht ein Regenwetter
So nebenbei den lieben Namen fort —!

Doch jetzt ist Sonne noch. — Im engen Hofe
Ein Mädchen klopft den alten Teppich aus.
„Elsa, hör uff, wenn ick vorüba loofe!"
— — —
„Ach, Maxe is's, der joldne, jute — doofe —!"
Der Bretterzaun schwankt in die Welt hinaus.

Die Mietskasernen und der blasse Junge
Und dann der Name — — — Frühling einer Stadt.
Der Hunger schmeckt so bitter, lähmt die Zunge.
Im Westen ist ein Wetter auf dem Sprunge.
Wann macht der Frühling alle, alle satt — — —?

Georg Zemke:
Die Gitter

Dies ist Duft von schönen Gärten,
dort ein Kiesweg, der auf eine Villa führt. —
Deiner Sorgen schwere Härten
sind nun leicht, da sich ein Sehnen in dir rührt.
Aber warum müssen wir vor kalten Gittern
immer wie die Hunde etwas Fremdes wittern?

Dies ist eines Flusses Dröhnen,
dort ein Lichtglanz, der sich auf dem Wasser wiegt.
Komm, wir wollen uns versöhnen,
denn wir wissen nicht, wann uns der Tod besiegt.
Aber warum müssen wir vor diesen Gittern
immer wie der Brücke starke Pfeiler zittern?

Dies ist eine enge Zelle,
dort der Tisch, die Pritsche und der Wasserkrug.
Diese Türe führt ins Helle
und das Fenster sieht den freien Vogelflug.
Aber warum müssen hinter starken Gittern
wir die Fäuste ballen, fluchen und verbittern?

Gerda von Below:

Der Teerwagen

Hart am aufgerissenen Pflaster,
Dort, wo meine engbrüstige Wohngasse
In den dröhnenden Fahrdamm eingeht,
Hält — zauberisch dunkel,
Mächtige Gäule davor —
Der Wagen,
Der das lebendige Feuer mit sich führt.

Schwer und glutig leuchtet es
Durch den schwarz gegitterten Korb von Eisen,
Rauchverschlungen — —
Wenn der Ostwind
Steif in den Mänteln der Fuhrleute steht,
Daß ihre hochgezogenen Schultern
Fast die Krempe der Mütze berühren.

Gerda von Below:
Spärliches Glück

Entsinnst Du Dich?
Wir wanderten verdrossen.
Es war ein feuchter, windiger April;
Er hielt die Liebesbänke noch verschlossen,
Und nirgends war es menschenleer und still...

Ich trug im Mantel
Spärliche Mimosen...
Ich hatte selten Deinen Mund gefühlt.
Wir gingen barhaupt, wie die Obdachlosen,
Durch einen Park, der uns im Kreise hielt — —

An Zaun und Graben
War ein Weg zu Ende.
Wir rasteten an seinem kühlen Hang.
Ich legte mein Gesicht in Deine Hände
Minutenlang...

Da brach die Ferne,
Die der Nebel küßte —
Quer in das Rauschen ihrer Schienen aus — —
Du zogst die Uhr: Als wenn der Zug Dich wüßte...
Dich greifen müßte vor dem nächsten Haus — —

Wir gingen.
Deinen Strauß hatt' ich verloren.
Die Leute sahen uns verwundert nach.
Ich dachte nur — „O, hätt' ich Dich geboren...
Wir schliefen ruhig... unter Stern und Dach."

August Brücher:
Park Bellevue

Es ist ein Tag wie auf der Sommerreise:
Vom Licht sind alle Bäume emailliert,
Die Sonne streut durchs Grüne goldene Kreise,
Ein Vogelzwitschern übertupft uns leise.
In jeden Stamm sind Herzen eingraviert.

Ein Liebespaar sitzt zärtlich Hand in Hand,
Der Rasen flackert auf in Blumenbüschen,
Die Hecken ziehen eine Laubenwand,
Zwei Enten paddeln an dem Wasserrand.
Goldregen hängt in lockig losen Rüschen.

Die Luft schmeckt süß von soviel Blumendüften,
Von Honig und Akazien übersatt,
Umweht der weißen Göttin Marmorhüften —
Und mancher Geist will auf aus alten Grüften —
Doch an dem Tor verschluckt uns schon die Stadt.

Michael Gorlin:
Die Universität

Die Stadt tanzt trunken.
Sie ist ein Film, der zu schnell gedreht wird von einem
                    ungeschickten Vorführer,
Sie ist ein ständig unruhiges Meer und tost und brandet,
Aber mitten in diesem Gewühl erhebt sich eine Insel:
Das altmodische Märchen der Universität.
Die Göttinnen über den Fenstern lächeln noch immer
                  ihr harmonisch gelassenes Lächeln,
Und die Pilaster streben auf, lilienhaft und grazil.
Im Garten blühen die Bäume keusch, wie die Jungfrau
                  von Orleans.

An sonnigen Abenden wehen Gestalten im Strahlenstaub:
Es sind die sehr weisen Philosophen Fichte und Hegel;
Sie schweben dahin in ihren Biedermeierröcken
Und streiten sich über die Setzung des Ich und den absoluten Geist.
Sie haben Gott gesehen mit seinem langen wallenden Bart,
Aber sie sind sich nicht einig, was er eigentlich bedeute.
Die Göttinnen lauschen achtsam und ihr Lächeln wird tiefer und stiller.
Später, wenn es dunkelt, kommt der Mond und streut seinen Zauberstaub.
Dann unterhalten sie sich leise: Philosophen, Göttinnen, Mond,
Während die Stadt ringsum im wilden Taumel sich wiegt.

Gerhart Herrmann Mostar:

Funktürme

Gott schoß nach dem Herzen der Welt —
Gott wollte spielen.
Seine Pfeile, von sternhoher Sehne geschnellt,
Fielen — —

Ihre Spitzen zerstachen das Feld,
Spießen sich steil der Erde in braune Schwielen,
Ihre gefiederten Enden zittern vom Stoß
Auf dünnen, stählernen Stielen,
Ihre stöhnenden Eisen sind schmal und groß
Zwischen Himmel und Ackerbreiten
Schwingend gespannt,
Surrende, sausende Saiten...

Und im zottigen Pelze der Nächte hinkt
Pan durch das Land,
Stutzt und stiert, und die Saiten erschimmern fahl,
Und seine grobe, scheu tastende Hand
Probt einen dunklen Akkord, der dumpf verschwingt,
Und er geigt seinen brodelnden, wirren Choral,
Und Pfahl bei Pfahl
Singt — —

Gottes Pfeile tönen von Welt,
Pan hebt hart sein graues Gesicht und wittert ...
Und die milchweiße Sehne aus Sternenstahl,
Die über furchtsamem Feld
Drohend den Himmelsbogen spannt,
Zittert
In Gottes Hand ...

August Brücher:
Blick vom Funkturm

Hier steigt man auf und überblickt Berlin:
Ein Spielzeug und die Menschen Miniaturen,
Die Straße, die wir eben breit durchfuhren,
Sieht man wie offene Kanäle ziehn.
Sind sie von Kindern aus Papier gefaltet?
Ein Haus bemalt, das andere grau veraltet,
Und Bahnen kriechen klein wie Raupen hin.

Was alles fließt, was alles brüllt und läutet,
Verschäumt, vergessen — unten überwunden.
Wo sich wie Beulen Kuppeldächer runden,
Liegt flach die nackte Stadt wie abgehäutet;
Zerklüftet, eingerissen, neu erbaut
Wächst Stein an Stein, bis sie im Dunst verblaut,
Verwaschen ziehend, kaum mehr angedeutet.

Nun gießt die Sonne Blut und Feuerschwall
In alle Fenster, funkelnd rotgeküßt.
Langsamer Mond steigt ins Metallgerüst,
Der Fahrstuhl fällt am Faden wie ein Ball
Im schwarzen Turm, von Lichtern eingerandet,
Ein Sternengitter, von Musik umbrandet —
Und oben kreist sein Schein im Weltenall.

Fritz Engel:
Symphonie Berlin

Riesenorchester, aufschwärmend in Tönen,
Ein Brausen, ein Rauschen, ein Rollen, ein Dröhnen,
Des Lebens Gesänge, der Arbeit Gesänge,
Ein Sichverketten, ein Lösen der Klänge,
Grelles und Schnelles — der Wagen Geklirre,
Der Drohruf der Hupen, der Menschen Geschwirre,
Ein wanderndes, wogendes, wälzendes Heer —
    Und immer mehr...

Paläste: Rückblick entflohener Zeiten,
Prunkzeugen aus Vergangenheiten;
Paläste: aus neuem Drange geschichtet,
Fronten und Giebel, in Nachtglut belichtet;
Ehrwürdige Türme und Kathedralen
Und Ruhmesmale bei Ruhmesmalen:
Himmelan breitet die Straße sich her —
    Und immer mehr...

Die Häuser der Kunst mit strahlenden Räumen,
Die Häuser des Wissens in friedlichen Träumen,
Kaufstätten voll Glanz und fleißige Kontore,
Werkdampfend die Schlote vor dem Tore —
Und der Abend sinkt zu neuem Erwachen,
Wir schwärmen, wir tanzen, wir lächeln, wir lachen,
Das Dasein wird leicht, es ist ja so schwer —
    Und immer mehr...

Ihr grünen Gelände, ihr Gärten und Parke,
Du Dampfer der Spree, du Rudererbarke,
Du Havel, um Potsdam ein Wellengeschmeide,
Du Kiefernforst, du märkische Heide,
Du Löwe des Zoo, und wieder im Freien,
Hochaufspringt der Fußball, und Turner in Reihen,
Pilot vom Flugplatz segelt daher —
   Und immer mehr und immer mehr.

Walter Gutkelch:

Gebet eines Stadtliebhabers

Ich bitte dich, feuriger Gott:
mach diese Stadt wieder gut!

Sie hat die Taube des Gemüts
verlästert mit schrillen Kabaretts.

Die Mode fährt als ihr Kalb einher,
man streichelt es weit über Gebühr.

Alle stehn sich darob im Weg,
behext vom Sternschnupp der Politik.

Zwar die Maschine entließ uns längst;
doch manche nur melden die Angst.

Laß Schwefel fallen, wie ehedem,
auf all die weltselige Scham!

Wir schreien zu dir, du Städtegott:
mach diese Stadt wieder gut!

Karl Vaupel:

Seit gestern bleiben alle Leute stehn ...

Seit gestern bleiben alle Leute stehn.
Die Straße lobt mich fort und fort,
selbst die abgebrauchten Tiere gehn
winkend durch den grauen Ort.

Aus den Bäumen, Fenstern will es fliegen,
Luft schwebt wie ein Bildnis an.
Könnt' ich nur den großen Hund da kriegen,
der so leise aufstehn kann!

Wo ich tret, ihr Leute, eure Füße
wecken aus dem Pflaster hell Getön.
Eure Augen ziehn wie Euphratflüsse
um das Paradies sehr schön.

Seid nicht böse: Sag ich rieche, schmecke.
Ach, ich bin auch nur geliehn,
wenn ich so voll Anmut stecke,
laßt mich nur vorüberziehn!

Weiber, scheue, mit den Urwaldaugen,
Männer, Kinder und Prolet —
Seht nur, wie sie alle tauchen,
horcht nur, wie die Sonne weht!

Hab's ich hinter meinem Rücken, klein Gefälle
lacht. Was soll ich tun?
Selbst die graue Straßenwelle
spielt noch fort mit meinen Schuhn.

Theodor Sapper:

In der Stadt

In der Stadt bin ich gefangen;
Streifte von mir weites, ebnes Land.
Auf dem Rücken lasten noch die Berge,
Die ich floh, mit ihrem wilden Wald.

In die Mitte, in den Strudel,
Wo im Kreis sich hetzt der Tod,
Wirft es mich, wo meine Stimme
Auslöscht, die wie Spreu verworfen ward.

Daß ich Himmel über weiten Ebnen
Noch besitze, gibt mir schwere, finstre Kraft,
Die mich ängstet, die im Traume
Mich zu Erde macht, verwestem Moos...

O, der weite, starre, stille Himmel,
Ohne Rand und Mitte, der den Schultern
Aufgeladen, steinern lastet,
Grauer Himmel, den ich noch besitze...

Traum, o Traum! Es schmilzt ein süßer Stern
Auf den erdigen Lippen, die so bitter
Nach dem Tode schmecken. Süßer Stern im Mund,
Der weiß brennt, mich ganz verbrennt.

Nacht fällt ab vor meinen Augen;
Heimatwälder, die ein Regen langsam umlegt,
Starren totes Grauen in die blöden Augen,
Ein verdorrtes Land frißt meinen Leib.

Werner Bergengruen:

Große Städte

Wir gehn durch einen verzauberten Wald,
der Wald ist uralt.
Älter als Dörfer, Kapellen,
Weinberge und Zitadellen.

Da starren, zu Schloten versteint,
Haine von Schachtelhalmen.
Saurischer Atem erscheint
riesig in Schwaden und Qualmen.

Verschollene Vögel pfeifen
wild aus Sirenen.
Erstarrte Moose greifen
über die Hänge und Lehnen.

Wolkenhoch, höhlentief
Kuppel und Tropfsteinhalle.
Fenster im Felsenmassiv,
schimmern die Quarzkristalle.

Käfervolk krabbelt in Scharen,
winzige Dinge surren,
Insektenwägelchen fahren,
Doppelflügler schnurren.

Dort klafft der Erdenrumpf
vom Schnitt einer Riesenschneide.
Unten glotzt schwärzlich ein Sumpf
voll röhriger Eingeweide.

Sie kriechen zu heimlichen Kammern,
tausendfältig verästelt,
von Bändern, Laschen und Klammern
verworren zusammengenestelt ...

Wer hat es uns angetan,
daß wir mitverzaubert sind?
Kräht noch kein Morgenhahn?
Wir stehen und starren blind

zwischen winzigen, wimmelnden Käfern
und steinernen Vorweltschläfern.

Erwin Dorow:

Die Verwandlung

Aus meinem Herzen sprießen grüne Blätter,
und rote Blüten treibt mein Blut,
in meinen Adern jubilieren die Lüfte aller Himmel.
Wer durch die Rinnen der Stadt marschiert mit hölzern
                knackenden Gelenken,
wer in der Elektrischen hängt für fünfundzwanzig
                Pfennig,
wer in den Automobilen von Ecke zu Ecke stößt
— und das der stampfenden Stirn jeweils Nächste
                bemerkt,
das in Spiralen minütlichen Leids
emporfleht zur Gegend, in der es ein Ohr vermutet,
hat es nicht leicht, mit keiner Stunde,
jeder Atemzug wird ihm eine Bürde.
Die Häuser sind unverrückbar von ihrer Stelle,
nur wir Menschen wurzeln nirgends,
wir sind immer auf dem Weg.
Manchmal freilich umklammern unsre Glieder
einen anderen Leib
und schlagen sich ein in den Durst und den Hunger
                seiner Erde,
und in beiden der Geist erkennt sich als der gleiche,
aber die Sonne legt uns einen neuen Tag vor die Tür,
den wir bestehen müssen, alle allein.

Jeder steigt in seine Jolle, bis an die Zähne bewaffnet,
und segelt hinaus auf die hohe See,
um sich die Nahrung zu rauben,
und abends auf dem Gestade der Ruhe
glühen wir wieder zusammen
und glosen und schwelen in die Nacht,
bis das Gegebene zu Asche verfällt,
doch schon klimmt die Röte abermals
herauf aus dem Osten, unerbittlich, unerbittlich.
O, ich weiß Bescheid.
Aber heute, mein Bruder, ist meine tägliche Straße
seltsam verwandelt,
sie schwebt im Aether,
und ich schaukele sacht von Quell zu Quell,
aus meinem Herzen sprießen grüne Blätter,
und rote Blüten treibt mein Blut,
in meinen Adern jubilieren die Lüfte aller Himmel:
denn die Liebe ist doch länger als ein Tag!

W. E. Süskind:

Lust zu leben

Wenn du die Straße ganz hinuntergehst
Und Jahre an ein Antlitz blind verschenkst
Und deinen Schritt in Wälder lenkst,
Und deine Tage nur mit Träumen füllst —
Und deine Nächte sind ja so schon still —
Dann merkst du doch, wenn du im Winde stehst,
Daß dir kein andres Wesen wachsen will
Und daß du immer nur dich selbst verhüllst;
Ach wären nur die Tage wie die Nächte still.

Aber die Straßen entlangzugehn
Ist rätselvoll
Und aus sonniger Luft und summender Hitze

Plötzlich dein Bild empfangen, —
Die wehklagende Nacht hören
Und ihre Hand auf sich fühlen mit einem Mal,
Das alles ist rätselvoll.
Vor deinem weißen, müden Gesicht plötzlich stehn
Und wortlos und schwerfällig von dir gehn,
Ist rätselvoll.

Alfred Richard Meyer:
Chinesisches Restaurant

Im Tientsin-Restaurant, Kantstr. 103b, träumt Li Tai
    Pe 1931 vor sich hin.
Wie in der Tang-Dynastie hebt er die Eßstäbchen über
    La zi din, Lou zi din.
Da ist alles, Fleisch wie Gemüse, zierlich in Streich-
    holzform fein geschnitten
Und von der gelben Einheitstunke der Sojabohne bannig
    bitter durchglitten.
Vielleicht könnte das auch Chitze dau, Choa lo lye zi
    oder Tsau wanza sein.
Bilde dir Charlottenburg als J-tschou in der Provinz
    Sse-tschuan hübsch ein.
Dann wird dir schließlich das Pschorrbräu zum Schau-
    hsing-drink.
„Die fünf Schmäcke verwirren des Menschen Mund",
    heißt es im Tao te king.

Manfred Sturmann:
Aufruf

Daß uns der Tod nicht sah,
Da wir geboren,
Daß uns kein Leids geschah,
Da wir uns verloren —

Das war ein gütiger Stern.
Die ihr in Trümmern hockt,
Wenn euch das Blut in den Leibern stockt:
Glaubt ihr dem Schöpfer, dem Herrn?

Spürt ihr die prangende Erde noch?
Sie ist zerrissen!
Blickt in das gähnende Loch,
Das heißt Gewissen:
Wo der Wald einst gelebt,
Heulen Turbinen,
Wo der Aar einst geschwebt,
Toben Maschinen —

Einerlei:
Ihr seid ins Rad gefügt,
Ihr müßt es treten.
Fort mit Weinen und Beten,
Wer betet, der lügt!

Spüren das Land noch
Zuckende Hirne?
Reißt aus dem Schandjoch
Die bebende Stirne!

Ihr seid bestimmt, um Liebe zu wissen,
Ruhen sollt ihr in Palmenhainen,
Den fernen Gletscher sollt ihr küssen
Und mit den armen Tieren weinen,
Die sie aus ihren Gefilden gerissen.
Im Auge der Sterne sollt ihr euch einen.

Noch seid ihr eingezwängt
In eure Kammern,
Noch seid ihr eingeengt
Von euern Jammern.
Ob man in Sattheit eurer vergaß,
Ob man zum Mitleid mit euch sich vermaß —

Einerlei:
Ihr seid ins Rad gefügt,
Ihr müßt es treten.
Fort mit Weinen und Beten,
Wer betet, der lügt,
Beten macht schwach!

Geknebelt von Hunger und Mauern,
Sänger und Bauern,
Zertrümmert die Schmach!

Walter Schirmeier:

Wie wir wohnen ...

Wir wohnen in einer verfluchten Welt,
Verdammt zwischen Eisen und Steinen.
Die Räder rasseln, ein Aufschrei gellt,
Die Hupen lärmen, der Tag zerfällt,
Und niemand hört unser Weinen. —

Wir wohnen in einer Kaserne aus Stein,
Mit hundert anderen daneben.
Nie finden wir Ruhe, wir sind nie allein
Mit unseren Sorgen und unserer Pein,
Mit unserem gefesselten Leben. —

Wir wohnen in Steinen und schreien nach Licht,
Und weinen verstohlene Tränen.
Wir beten zu Gott, und Gott hört uns nicht.
Ein jedes Haus ist ein Hochgericht,
Ein Schafott für Hoffnung und Sehnen. —

Wir wohnen in Stuben, und überall
Bedrängt uns der anderen Leben.
Wir hören ihr Sprechen, wir essen ihr Mahl,
Wir kennen ihr Leiden und ihre Qual,
Die Sünde und das Vergeben. —

Wir ziehen uns Blumen und träumen vom Land,
Von Feldern mit reifenden Ähren.
Von schweigenden Wiesen am Waldesrand.
Dann werden wir wach und sind wieder verbannt,
In die Stadt, der wir ewig gehören. —

Uns rüttelt kein Frühling, kein Morgenrot,
Wir denken und handeln im Bösen.
Wir kennen unsere und anderer Not
Und tragen die gleiche Last bis zum Tod,
Und wissen uns nicht zu erlösen. — — —

Bruno Schönlank:

Wir sind keine Hirten!

Wir sind keine Hirten auf einsamem Feld;
Wir hören im Himmel die Engel nicht singen,
Wir sehen den Stern nicht zur Erde sich schwingen...
Wir hungern und dürsten und jagen nach Geld.

Wir sind keine Weisen vom Morgenland.
Wir wandern nicht weit, im Kind uns zu schauen,
Wir sind nur gigantisch im Hämmern und Bauen
Und lodern, verlodern im eigenen Brand.

Wir hören die Botschaft kaum einmal im Jahr
Und fühlen verborgene Saiten tönen
Und wenden uns ab, um dumpf nicht zu stöhnen,
Daß uns die Zeit so im Fieber gebar.

Denn wir tragen die Last mit fiebernder Hast
Und halten den Tag mit eisernen Fängen
Und peitschen die Nacht mit glutheißem Drängen,
Daß Stern auf Stern wie ein Schemen verblaßt.

Wir sind keine Hirten, von Engeln umringt,
Wir hören die Gottheit im Hammerwerk dröhnen
Und mit uns jubeln und mit uns stöhnen,
Bis unser Werk den Erdball zwingt.

Walter Hans Giese:

Kleines Lied vom Leben

Unbefragt riß man uns in den Tag,
der vorm kleinen Fenster nüchtern lag,
stieß uns in den Straßenlärm hinaus,
und der Atem ging uns langsam aus.

Enger Wandel unter Städtestein,
Arbeitsfron und frierendes Allein.
Zwischen toter Nacht und hohlem Tag
einer kleinen Hoffnung Flügelschlag.

Wie auch Mut und Kraft nach außen stieß:
keine Tür, die uns ins Freie ließ.
Aber auch die tiefste Falte wich,
wenn ein Weib uns übers Haupthaar strich.

Ungerufen kommen wir und gehn,
unbeteiligt rauscht das Weltgeschehn.
Manchmal sieht man uns bei Frauen stehn,
oft mit heimatlosen Winden gehn.

Letzte Worte spricht man über uns,
wenn wir kalt und eingefallenen Munds.
Doch wir schweigen mit gestrecktem Kinn,
lächeln nicht und hören nicht mehr hin.

Walter Bauer:

So lebt der Mensch in diesem Jahrhundert

Unten die Schienen der Bahn,
der weiße, zweispurige Weg —
oben die Drähte, ausgespannt wie ein Netz,
zu bewahren den Fischzug der Dinge.
Dazwischen scheint der Mensch zu leben,
manchmal glücklich, doch sehr viel gejagt,
manche unter großem Zittern,
manche wagen, viele gibts,
mit denen wird gewagt.
Unten weicht er dem Geschrei der Züge aus
und wird stumm.
Erklettert er, früherer Kindheit gedenk,
den Mast voll weißer Früchte der Isolatoren,
trifft ihn der Strom.
So lebt der Mensch in diesem Jahrhundert.

Günther Weisenborn:

Choral vom fremden Gesicht

Alle sind wir uns darüber klar,
daß es früher mal ganz anders war.
Früher schlug man sich tot, heulte, entführte, raufte [und schrie.
Heute tut man sowas nie.
Im Gegensatz zu jenen alten Tagen
sind die Menschen heute nach innen geschlagen:
    Jeder hat oben sein Gesicht,
    das Firmenschild hängt allen zum Hals heraus,
    aber die Firma, die Firma, die kennt man nicht,
    und sie macht doch Reklame durch dein Gesicht:
    Wer kennt sich da aus?

Unser Antlitz ist ja nun in Eis gelegt.
Nur dahinter ist man vor sich hin erregt.
Die große Eiszeit hat sich mit Psychologie, Profit,
darum friert jeder Mann.   [Intellekt aufgetan,
Im Gegensatz zu jenen alten Tagen
ist die Kälte heut ziemlich nach innen geschlagen.
   Jeder hat oben sein Gesicht,
   das blanke Eis hängt allen zum Hals heraus,
   nur den Winter, den Winter, den kennt man nicht,
   und er schickt seinen Frost über jedes Gesicht:
   Wer kennt sich da aus?

Dein Gesicht, Herr von Gestern, ist ziemlich alt.
Bald gehst Du ein und dein Hemd wird dann kalt.
Triffst Du die Leichen von Schaffnern, Ministern, Prolet,
                       Heiland, Putzfrau und Schuft
unten in der Abfallgruft,
grüß sie ... aber wenn sie dich nach Taten fragen,
sag, die wären dir grad nach innen geschlagen.
   Jeder hat oben sein Gesicht.
   Die Verwesung hängt den Toten zum Hals heraus,
   doch den Verweser, den Verweser, den kennt man
                                           nicht,
   und er verwest doch notorisch jedes Gesicht:
   Wer kennt sich da aus?

Aber mancher mit dem Kindersinn,
lebt vergnügt in seinem Innern hin
spielt Beruf, spielt Ernst des Lebens, Aufstieg, Vater und
blickt verwundert in die Welt manchmal.   [Gemahl,
Im Gegensatz zu andern, wenn sie klagen,
meint er, es sei ihm bisher alles gut angeschlagen.
   Dieser hat oben kein Gesicht.
   Ein Hotel hängt ihm höflich zum Hals heraus.
   Jeder schläft darin, nur den Wirt kennt man nicht,
   und der schiebt doch die Rechnung auf jedes Gesicht:
   Wer kennt sich da aus?

Bruno Schönlank:

Laufendes Band

Fabriken stampfen Tag und Nacht,
Stampfen Tag und Nacht,
Tag und Nacht.
Hochöfen lodern Tag und Nacht,
Tag und Nacht
Herzen lodern Tag und Nacht
Tag und Nacht
Fabriken stampfen Tag und Nacht
Hochöfen lodern
Tag und Nacht
Arbeit
Arbeit
Muskeln
Straffen
Schaffen
Schaffen
Feilen
Feilen
Bohren
Bohren
Hämmern
Hämmern
Griff um Griff
Gleichen Griff
Schlag um Schlag
Gleichen Schlag
Unerbittlich
Immer wieder
Immer weiter
Immer wieder
Drei Sekunden
Zwei Sekunden
Eine noch
Drei Sekunden
Zwei Sekunden

Eine noch
Nur eine halbe.
Immer weiter
Immer wieder
Immerfort
Gleicher Griff!

Martin Kessel:

Mahlstrom

Auf den Straßen das schwemmt
in Seide bis aufs Hemd,
das wedelt, das schmatzt,
Gesichter, geschminkt, von der Lust gebrandschatzt.
Huren, Lockvögel, preisen sich an,
stehn an den Ecken, umrunden den Mann.

Und am Tanzpalast, wo die Autos landen,
der Herr im Frack mit der Dame von Welt,
wie das sich reich in die Arme fällt!
Sie behaupten, sie hätten das Leben verstanden
und daß es so immer noch erträglich wär,
so im Fluß, — oder es lohnt sich nicht mehr.

Dazwischen ich, auch ich?
Vorwärts! jede Sekunde ein Stich.
Hochgeschleudert, liegengeblieben,
ein Kreisel, der satt ist der Peitschenschläge,
auf! schon wieder von Unrast getrieben
durchs Gewirr, um mich selbst, um Zahlenbeträge.

Immer noch da sein zwischen Abgrund und Höhn!
Erschreckt versuch ich den Himmel zu haschen
mit nichts in den Taschen.
Kann ich's denn glauben? Ist es denn schön?

Dieses Leben ist reif für uns alle.
Die Masse steckt, sie weiß nicht wie,
zur Nummer verflucht, in der Menschenfalle.
Wer könnte beschwören, er rette sie alle?
Masse sein auf Tritt und Schlich,
wer Masse ist, schreit es, rette sich!
Bis aufs Messer, bis auf die Galle
und endlich Schluß mit der Lotterie...
Die Masse steckt, sie weiß nicht wie,
zur Nummer verflucht, in der Menschenfalle.

Leo Hirsch:
Bis zum großen Coup

Wir alle, die wir tagaus, tagein
die Arbeiten machen und schlafen und essen,
wir alle denken, es muß eine sein,
um die es sich lohnte, Gott zu vergessen!
Wir alle denken, es muß eine sein,
die heimlich auch ihre Tränen verschluckt
und nicht danach fragt und nicht spuckt und nicht
                                       muckt,
die keinem Sektglas von Liebe vorgeigt
und Schmeichlern und Zahlern die Zähne zeigt,
es muß eine sein, die es richtig macht,
die nicht immer bloß lacht, die nicht immer so lacht,
die immer so schön ist von Kopf bis Schuh
und läßt keine Ruh bis zum großen Coup,
bis du Glück hast vor lauter Liebe und alle Millionen
                                         dazu,
es muß eine sein, die und ich —
                      oder — du?

Wir alle, die wir tagaus, tagein
die Arbeiten machen und schlafen und essen,
wir alle denken, es muß einer sein,

den Gott nicht in seiner Güte vergessen!
Wir alle denken, es muß einer sein,
der auch seinen Buckel voll Sorgen hat
und nicht danach fragt, was er morgen hat,
der keinem keine Wahrheit verschweigt
und Schleichern und Zahlern die Zähne zeigt,
es muß einer sein, der es besser macht,
der immer bloß lacht, der immer bloß lacht,
der immer so lacht, nicht wie ich oder du,
der gibt keine Ruh bis zum großen Coup,
bis er Glück hat und Ehre und Liebe und alle Millionen
                                                 dazu,
es muß einer sein, der heißt ich —
                                  oder — du?

Karl Schnog:
Vom Geldverdienen

Wir müssen uns mit vielen Dingen plagen,
An die wir in der Kindheit nie gedacht.
Wir müssen uns durch die Berufe schlagen,
Denn Geldverdienen ist wie eine Schlacht.
Da heißt es fest in fremde Reihen brechen,
Zum Angriff übergehn um Brot und Lohn.
Um jeden Posten ist ein Hau'n und Stechen.
Der Stellungskrieg entbrennt um die Pension.
Für wen? Für was?
Für dies, für das:
Brot kostet, Glut kostet,
Kleid kostet, Hut kostet.
Geld kostet jedes Kleidungsstück.
Milch kostet, Gas kostet,
Lust kostet, Spaß kostet.
Geld kostet auch das Sonntagsglück.
Das will verdient sein.
Das will verdient sein!

Wir sind als Träumer in die Welt gezogen
Und stießen an die Pforten der Gewalt.
Die wilden Wünsche sind davongeflogen.
All unser Wünschen kreist um das Gehalt.
Das heißt Gedanken vieler Chefs erraten
Und ihren Pförtnern um die Bärte gehn,
Das heißt ein Leben bau'n auf Monatsraten
Und endlich auf Beförd'rungslisten stehn!
Für wen? Für was?
Für dies, für das:
Tisch kostet, Tuch kostet,
Bild kostet, Buch kostet.
Geld kostet jeder Feiertag.
Mull kostet, Jod kostet,
Arzt kostet, Tod kostet.
Geld kostet jeder Schicksalsschlag.
Das will verdient sein.
Das will verdient sein!

Hans Reimann:

Worauf es ankommt

Mal ist es hell, mal ist es finster,
doch auch bei Neumond blüht der Ginster.
Man filmt nicht mit Petroleum,
sonst protestiert das Publikum.
Die Bühne liegt im Rampenlicht,
im Nebel schleicht der Bösewicht.
Ich sage weiter nichts als dies:
Die Ziege, sei sie noch so mies,
so häßlich, daß man Tränen weint,
wird schön, wenn Sonne auf sie scheint. —
Es kommt auf die Beleuchtung an.

Aus Kaffeetöppen schmeckt kein Sekt,
in Klopapier paßt kein Konfekt.
Die Naphthaquellen ohne Trust,
die Greta Garbo ohne Brust,
ein Rosenbusch aus Cellophan,
der Lohengrin per Bimmelbahn,
(verdreckt von Asche, Staub und Rauch),
ein Opernsänger ohne Bauch,
in Joghurtgläsern das Odol,
Napoleon mit Sauerkohl —
Es kommt auf die Verpackung an.

Den Kehlkopf voller Bratensauce
schwingt mancher Volkstribun die große,
auch das Legale ist nicht schlecht.
Dem hohen Herrn pariert der Knecht.
Und fehlt es mal an baren Mitteln,
nun, so vergnügt man sich mit Titeln.
Im Süden, Westen, Osten, Norden
Lechzt mancher kleine Mann nach Orden.
Ob arm, ob reich — ob Clown, ob Scheich:
Im Dampfbad sind wir alle gleich —
Es kommt auf die Gesinnung an.

Walter Kordt:

Die Kantate der Gelassenheit

Viele sterben täglich in den großen Städten
Mehr und verzweifelter als auf dem flachen Land.
Und es steht bei Ihnen, für sie zu beten
Oder lächelnd über sie hinwegzutreten;
Denn Sie haben doch die meisten nicht gekannt!

Und von wieviel Toten kennen Sie die Namen?
Ist es doch gebräuchlich, daß man sie nicht nennt.
Gut so! Denn was nützt es, wenn man im Verkehr mit
                                    Damen
Oder im Gewühl der tausend Lichtreklamen
Über Tote spricht, die keiner kennt?

Fordert doch das Tempo dieser Städte überhitztes
                                      Fahren,
Und die dunklen Straßen brauchen abends Licht.
Und Sie können keineswegs nur Menschenleben wahren
Und die Produktion der Kraftzentralen sparen!
Und selbst wenn Sie's wollen — es gelingt doch nicht.

Täglich braucht man und verbraucht sich neue Ware;
Und Sie können doch nicht pausen, wenn beim Guß da
                                    wer im Erz verbrüht.
Wieviel bringt das Bergwerk täglich auf die Bahre?
Wieviel Syphilis befällt die Liebespaare
In den Städten? Und die Liebe wird nicht müd!

Stören Sie sich nicht an all den Vielzuvielen,
Die im Selbstmord enden über Gasgeruch und Veronal!
Und, wenn Sie sich wider Willen sollten Mutter fühlen:
Nur die Reichen finden Ärzte, ungewollte Schwanger-
                                    schaften wegzuspülen.
Denn das Leben in den Städten ist banal!

Lassen wir uns weise zur Gelassenheit erziehen,
Daß wir von den Städten lernen, wie man sie bezwingt!
Denn das Leben fragt sich nicht nach unsern Mühen;
Und es lebt sich, um sich zu versprühen,
Bis es wieder mit uns ins Vergessen sinkt...

Walter Mehring:

Mond und Liebe über großen Städten

Und wenn es Mond wird — wenn die Sterne fallen
Fühlt Un-Tier Mensch in seinem Bau sich alt —
Beton Stahl Mörtel Röhren Türme Hallen —
Doch seine Hände sehnen sich nach Krallen
Sein Hüsteln schlürft nach einem Luftzug Wald!
Wenn dann vom Bahnhof aus den Feueressen
Die Dampfsirene Abfahrtsschreie schnaubt
Dann wendet er wohl sein Chimärenhaupt
Nach einem Zeitort, den er längst vergessen!

So weit — so weit!
Wie wir es drehn und teilen
Es bleibt längst abgemessen unser Glück
Wenn wir, mein Lieb, so Leib an Leib verweilen
Wir kehren hunderttausend Jahr' zurück!

*

Und wenn die Nächte ihm den Frost anhauchen
Dann schauert's ihm als wie am ersten Tag
Dann sieht er Tierdunst aus den Nüstern rauchen —
Er möchte sterbenseinsam unterkrauchen
Im Bauche, wo er ohne Ahnung lag.
Wenn Sturm sich fängt und aufheult wutbesessen,
Dann überkriecht ihn eine Gänsehaut
Mit stumpfem Ohr spannt er nach einem Laut
Von einer Sprache, die er längst vergessen!

So sehr — so sehr
Sie streiten, eifern, keifen
Längst zugemessen ist uns unser Glück —
Wenn wir uns streicheln — wenn wir uns begreifen
Wir greifen hunderttausend Jahr' zurück!

*

Er schaut dem Monde nach von hohen Brücken —
Der Fluß treibt faulige Fluten und Gebein
Und zwischen ihnen lauter Mond in Stücken —
Der Mensch fand für die Sinne tausend Krücken
Und holt mit keinem diese Stunde ein!
Dann schimpft er auf den Mond — fühlt sich betrogen,
Wälzt Bücher, mauert, hetzt und spekuliert
Mondblaß vor Furcht, daß er die Zeit verliert.
Ins Niemehrwieder ist die Nacht geflogen.

So fern — so fern
Die Menschenstimmen klingen
Wir sind doch einbezogen in den Lauf!
Wenn wir mit unserer Nähe uns durchdringen
Wir holen hunderttausend Jahre auf!

Theodor Sapper:

Das letzte Lächeln

Einst war Welt ein Tanz, ein Hosianna!
Heute nur die Alltagskurve
Stets der gleichen Straße. — Himmel troff einst Manna;
Bumerang entfuhr dem kühnen Wurfe!

Welt — heut heißt sie uns: Büro und Geld.
Teure Miete; Boxkampf an den Futterkrippen.
Ach, gealtert ist die schöne Welt —
Locken nicht zum Kuß mehr die einst süßen Lippen!

Als man mit ihr schlief in seligen Nächten,
War das Herz ein Stern am Weltenbaum.
Eben klopft der Shylock, dich zu schächten —
Hunger zieht den Magen krumm im Traum.

Lachst du, irrer Lacher? Nun derselbe,
Ob im Smoking, oder arbeitslos.
Auf Gesichtern stets das starre gelbe
Lächeln — das tritt groß

Aus Gesichtern in die Atmosphären.
Geht in Winde auf, in Hauch und Luft.
Menschen schwinden — es wird wiederkehren.
Steine, Steine wölben deine Gruft.

Gerda von Below:
Die Kette

Wer sich die Freude kauft am Saum der Städte,
Den Tisch, das Bier, die Laube, die Musik...
Steht in der Atempause einer Kette,
Gespannt an die Gesetze der Fabrik.

Sie lockert schläfrig ihre starren Ringe.
Schon morgen holt sie dröhnend wieder aus
Und zieht das Herz in die Gewalt der Dinge
Und gibt es bis zum Sonntag nicht heraus.

Sie treibt und hetzt es über tausend Räder
Gestückten Raumes und gebroch'ner Zeit
Und saugt und schlürft aus siechendem Geäder
Den süßen Tropfen — Mensch und Ewigkeit.

Johannes R. Becher:
Das Lied vom überflüssigen Menschen

1.

Das ist das Lied vom Überfluß
Und vom überflüssigen Menschen,
Und wenn das Lied zu Ende ist,
Hat es doch kein Ende:

Bevor nicht jeder, der's hören muß,
Das Lied vernimmt
Und alle, die leben im Überfluß,
Überflüssig geworden sind.

2.

Es waren einmal zuviel
Menschen auf der Welt,
Da hat man Gewehre geladen
Und Geschütze aufgestellt:

Überflüssige Menschen,
Millionen an der Zahl,
Hat man in Gräber gescharrt
Und war sie los mit einemmal.

Der Überfluß ist geblieben.
Menschen wuchsen nach.
Sie finden nicht Platz auf der Erde.
Sagt, was macht man da?

Überflüssige Menschen,
Wozu braucht euch die Fabrik?!
Arbeit gibts in Überfluß.
Seid zufrieden damit.

Überfluß ist an Hunger.
Überfluß hat die Not.
Augen fließen über
Und weinen sich rot.

Überflüssige Tränen.
Habt je ihr gehört,
Daß Tränen den Überfluß stillen?!
Laßt es und weint nicht mehr.

Überflüssige Menschen!
Geht in Reih und Glied,
Daß man eurer Millionen
Überfluß kommen sieht!

Singt so laut ihr könnt,
Daß jeder es hören muß,
Das Lied vom überflüssigen Menschen,
Das Lied vom Überfluß!

3.
Wer ist der überflüssige Mensch?
Wer lebt im Überfluß?
Wer ist unter den Menschen der Mensch,
Den man beseitigen muß?!

4.
Er hat einen guten Schlaf,
Der überflüssige Mensch.
Er hat alle möglichen Namen,
Die täglich die Zeitung nennt.

Er setzt sich nie hungrig zu Tisch,
Er ißt im Überfluß.
Er hat ein Haus mit Zimmern
Im Überfluß.

Er kleidet sich, wie's ihm gefällt.
Das Neueste ist nicht neu.
Überflüssiges Geld,
Es ist ihm einerlei.

Er hat viel überflüssige Zeit.
Was soll er schon versäumen?

Er kann, wenn er will,
Die Augen schließen und träumen.

Er kann, wenn er will,
Von einer Stadt in die andere ziehn,
Und ist er aller Städte satt,
Bis in den Urwald fliehn.

Dort läßt er die Bäume rauschen
Mächtig um sich her,
Traumstraßen zwischen Palmen
Geleiten ihn ans Meer.

Er braucht, wenn er nicht will,
Keinen Schritt zu Fuß zu gehn.
Er kann über Wolken fliegen
Und die Erde versinken sehn.

Ob er einmal daran gedacht,
Wer ihn emporgetragen,
Wenn unter ihm aus den Hochöfen nachts
Die Feuer schlagen?!

Ob ihn manchmal, sekundenlang,
Vielleicht vor dem Überfluß graut?
Oder wird ihm manchmal bang,
Wenn er in andere Augen schaut?!

Der überflüssige Mensch
Er weiß es nicht,
Daß er in Überfluß lebt
Und überflüssig ist.

Er hat alle möglichen Namen,
Die täglich die Zeitung nennt.
Er heißt mit all seinen Namen:
Der überflüssige Mensch.

5.
Das ist ein Lied vom Überfluß
Und vom überflüssigen Menschen,
Und wenn auch das Lied zu Ende ist,
So hat es doch kein Ende:

Bevor nicht jeder, der's hören muß,
Das Lied vernimmt
Und alle, die leben im Überfluß,
Überflüssig geworden sind.

Hanns Vogts:
Wo bleibt die Tat?

Vom Morgenlicht
zwischen Tannicht und Heidekraut
bis zum Abend,
bis zur Dachluke der Mansarde —
Ein Schrei.

Vom Blütentraum
der Lerche und der Drossel
bis zur Kirche
der Heuschrecken und Grillen —
Ein Lied.

Vom Dirnenkuß
geilen Verschmachtens — blöder Kindheit
bis zum Fallbeil
der Kasernen und Zuchthäuser —
Ein Mord.

Vom Mutterleib
jähes Entfachen — singendes Licht
bis zum Knüttel
von Straßenrand zu Straßenrand —
Ein Schlag.

Vom Morgenlicht
zwischen Tannicht und Heidekraut
bis zum Abend
bis zur Dachluke der Mansarde —
Wo bleibt die Tat?

Theobald Tiger:

Ruhe und Ordnung

Wenn Millionen arbeiten, ohne zu leben,
wenn Mütter den Kindern nur Milchwasser geben —
    das ist Ordnung.
Wenn Werkleute rufen: „Laßt uns ans Licht!
Wer Arbeit stiehlt, der muß vors Gericht!"
    Das ist Unordnung.

Wenn Tuberkulöse zur Drehbank rennen,
wenn dreizehn in einer Stube pennen —
    das ist Ordnung.
Wenn einer ausbricht mit Gebrüll,
weil er sein Alter sichern will —
    das ist Unordnung.

Wenn reiche Erben im Schweizer Schnee
jubeln — und sommers am Comer-See —
    dann herrscht Ruhe.
Wenn Gefahr besteht, daß sich Dinge wandeln,
wenn verboten wird, mit dem Boden zu handeln —
    dann herrscht Unordnung.

Die Hauptsache ist: Nicht auf Hungernde hören.
Die Hauptsache ist: Nicht das Straßenbild stören.
    Nur nicht schrein.
                  Mit der Zeit wird das schon.

Alles bringt euch die Evolution.
So hats euer Volksvertreter entdeckt.
Seid ihr bis dahin alle verreckt?
So wird man auf euern Gräbern doch lesen:
   sie sind immer ruhig und ordentlich gewesen.

Oscar Ludwig Brandt:

Unser Kind, meine Frau und ich, wir hungern nicht
      nach Brot.
(Reim: Not, Tod. — Seltsam. Auf Brot müßte sich
      reimen: Leben.)
Uns ist am heutigen Tag genug zum Sattwerden
      gegeben.
Aber, während wir um den Tisch sitzen und essen,
erinnert mich Etwas an die vielen Mitmenschen, die
      darben,
um der Großstadt Abfallstätten lungern
und hungern.
(Reim: an die, die aus Not starben!)
ich kann sie nicht vergessen,
ich will sie nicht vergessen!
(Reim: Vergessen vermessen!
   Toren
   sind die, die die Augen schließen
   und glauben, gesichert durch Maschinengewehre
      zu genießen!
   Wehe: wenn die Soldaten der sogenannten
      Republik auf das Volk schießen!
   Dann sind Alle jenseits der Barrikaden verloren.
   Das Volk ahnt: was es gilt.
   Und haben erst Hunger und Lebensangst die
      letzten hemmenden Fesseln zerrissen:
   um was es gilt, wird dann Jeder wissen!)

Mich würgt die Nahrung. — Könnte ich dem Bürger
(Schimpfname dessen, der noch geborgen ist)
die Augen öffnen: daß er die Frist
erkennt, die ihm die Flut der Not noch läßt!

Du, deiner Kinder Würger!
Um deinen Galgen rüstet sich das Fest!

Martin Kessel:
Abgott

Die Schurken lauern an Schaltern und Kassen,
die Schurken würfeln am grünen Tisch,
Mord um die Weiber, den Notenwisch,
die Schurken sind mächtig, sie sind nicht zu fassen.
Die Höckerfrau bettelt die Achtlosen an,
die Achtlosen betteln das Schicksal an,
die Armen betteln, die Reichen betteln,
die Städte, die Völker, die Glücklichen betteln:
sie wittern, daß rundherum Abgrund ist.
Das Turmhaus, das den Himmel anfrißt,
ein strenges Skelett, mit Toten geschweißt,
mit Hunger und Schwindsucht und mit Geist,
besessen vom Menschen, der besessen ist,
— wer sagt denn gleich, daß er Schurke heißt —
das Turmhaus aber sticht aus dem Chor,
dem irdischen Schutt, als Abgott ins Blaue empor.

Erich Kästner:
Berlin in Zahlen

Laßt uns Berlin statistisch erfassen!
Berlin ist eine ausführliche Stadt,
die 190 Krankenkassen
und 916 ha. Friedhöfe hat.

53000 Berliner sterben im Jahr
und nur 43000 kommen zur Welt.
Die Differenz bringt der Stadt aber keine Gefahr,
weil sie 60000 Berliner durch Zuzug erhält.
Hurra!

Berlin besitzt ziemlich 900 Brücken
und verbraucht, an Fleisch, 303000000 Kilogramm.
Berlin hat pro Jahr rund 40 Morde, die glücken.
Und seine breiteste Straße heißt Kurfürstendamm.

Berlin hat jährlich 27600 Unfälle.
Und 57600 Bewohner verlassen Kirche und Glauben.
Berlin hat 606 Konkurse, reelle und unreelle,
und 700000 Hühner, Gänse und Tauben.
Halleluja!

Berlin hat 20100 Schank- und Gaststätten,
6300 Ärzte und 8400 Damenschneider
und 117000 Familien, die gern eine Wohnung hätten.
Aber sie haben keine. Leider.

Ob sich das Lesen solcher Zahlen auch lohnt?
Oder ob sie nicht aufschlußreich sind und nur scheinen?
Berlin wird von 4500000 Menschen bewohnt
und nur, laut Statistik, von 32600 Schweinen.
Wie meinen?

Frank Warschauer:

Schwierigkeit zu leben

So sind wir Erben jener verfaulten Zeit,
aufgezogen in dunkeln Höhlen, ohne Nacht, ohne Tag,
in einer Retorte aus verfluchten Steinen und Asphalt.
(Wehe, wenn uns die Mutter eine Stunde allein ließ,
schon erhob sich die dunkle Straße, um uns zu fressen).

Der Sommer ein dicker Schmerz, der Herbst ein töd-
            licher Trank;
gepeinigt stieß die namenlose Stadt schweflígen Brodem
und stickigen Schweiß aus ihrem Maschinenkörper.
Im Frühling sang der Kanarienvogel im Eßzimmer
irgendwo unter der Erde, achtundsiebzig Stockwerke tief.
So sind wir Erben jener verfaulten Zeit,
wie kommt es, daß wir noch da sind,
daß uns der Krieg stehen ließ, hier und dort?
Aber auf dem Boden wächst es wieder maßlos, und viele
            Kinder werden geboren,
erheben sich mit grünen Gesichtern, auf! ihren Eltern
            zu folgen
in die verwirrten Städte, die Essen rauchen, Glückauf!

Nirgends sind wir erwünscht, taumeln umher, lächer-
lich. Hilfe! Wer hilft uns, uns den Erben jener ver-
            faulten Zeit!

Robert Seitz:

Die Stiefel

Diese Stiefel, die von Treppen wissen
Darauf talgig Licht und Fischkopf schwimmt —
Diese Stiefel, grausam aufgerissen
Von der Straße, die kein Ende nimmt.

Stiefel der jahrtausendlangen Wege
Unentrinnbar zwischen Ost und West:
Was der Tag nicht frißt, das greift der schräge
Mond, und eine Ratte holt den Rest.

Tag und Mond und Ratte fressen immer,
Doch die Stiefel wachsen ewig nach.
Und sie wandern grau im grünen Schimmer
Groß und einsam und unendlich wach.

Ossip Kalenter:
Der ohne Geld durch diese Täler zieht...
Der ohne Geld durch diese Täler zieht,
Dem Segelschiffe ohne Mast vergleichbar,
Ihm ist von allem nun nichts mehr erreichbar,
Von allem, was man so hienieden sieht.

Die Autos blühn im Dufte von Benzin:
Er fährt sie nicht. Die schönen Früchte winken,
Die Krammetsvögel und die zarten Schinken,
Der Frühling leuchtet: aber nicht für ihn.

Er geht dahin. Alleine. Nicht sehr groß.
Mit nichts im Magen und im Herzen Trauer.
(Um ihn ist eine unsichtbare Mauer.)
Und schließlich spricht er, schlicht und ausdruckslos:

„So bin ich nun. Und so ist auch die Welt.
Magnolien funkeln freundlich in den Gärten.
Und rosa Wolken drüber. Nacht wird werden.
Ich aber bin nichts mehr. Ich hab kein Geld.

Und alle Dinge fallen von mir ab,
Die Autos, schönen Früchte, Krammetsvögel,
Die zarten Schinken für die reichen Flegel...
Ich habe nicht einmal ein Elterngrab.

Nur eines bleibt von allen Dingen, die
Mir zu erwerben sind (Ton des Traktätchens):
Die reine Liebe eines jungen Mädchens...
Doch leider fehlt es mir an Energie."

Manfred Sturmann:
Ecce homo
Wer sieht ihn noch auf seinem grauen Wege?
Er ist bedingungslos ins Joch verbannt.
Sirenen heulen: und da stöhnt die Säge,
Die Hämmer dröhnen, und es zuckt die Hand

Ersterbend im Martyrium blinder Griffe.
Und Erze glühen, Träger wachsen, Stein
Auf Stein erhebt sich, und die schwarzen Schiffe
Beladen sie, die Pfeifen gellen, ein

Gewühl von Regsamkeit, geduckte Rücken,
Ein Bündel Fäuste, Stirn, die längst vergißt
Und schweißesfeuchte Leiber, die sich bücken
Wohl tausend Male, eh' es Abend ist.

Der Abend ist dann nur ein böses Retten.
Sirenen heulen: und da gehen sie
Entseelten gleich zu ihren schmalen Betten,
Sie schlafen dumpf und tief und träumen nie.

Sie kennen nicht mehr Wald und stille Nächte,
Den Hort der Landschaft nicht, der fern sie grüßt.
Sie sind nur noch ein Rudel müder Knechte,
Das stumm im Joche seinen Tag verbüßt.

Martin Kessel:

Mythos vom Arbeitstier

Immer kämpft er mit dem Schlag der Uhren,
Uhr im Kopf und Uhr in seiner Tasche.
Aufgehäufte Zeit, verworrene Spuren!
Fluchtwärts treibt ihn stets das Rad der Uhren,
daß er, wüßt ich was, am Ende noch erhasche.

Und dann steht er, ausgehöhlt von Qualen,
steht, die Häuser mit Betrieb zu mästen,
und er zirkelt aus dem Minimalen,
aus der Null den Gipfelpunkt der Zahlen
und macht Licht, verschwindet auch der Tag im Westen.

Weiter, weiter! Niemehr kann es enden.
Dieses Kaufhaus, Erdteil seiner Gnaden,
diese Landschaft mit den Julibränden,
alle Straßen sind in seinen Händen:
sein Verhängnis hat er selbst sich aufgeladen.

Georg Zemke:
Bannmeile des täglichen Lebens

Ihr seht Grenzen, stoßt an Schranken,
seid schon von Geburt an registriert,
Kunden von soliden Banken
oder so arm, daß ihr vegetiert.
Dieses Dasein hat zwei Pole,
und der Zwischenraum heißt Kampf.
Du gehst mit zerrissner Sohle
und bist Arbeit, Strom und Dampf.
Oben spricht man von Migräne,
fährt in Autos und ist so verwöhnt.
Unten blutet manche Träne,
weil die Not aus allen Fugen stöhnt.
O Paradies der Millionäre, der Rentner im besonnten
            Stuhl,
der Priester goldener Altäre! Es fällt kein Stern in
            diesen Pfuhl.
In diesem Augenblick mußt du ein Haus zerteilen,
darin die Armut wie ein Aussatz quält,
und niemand kommt, die Wunden wie ein Arzt zu heilen.
Das Gas rauscht in den Ohren wählt doch! Wählt!
Ein alter Mann säuft Schnaps und denkt nicht mehr
            ans Sterben,
ein Neugebornes findet das Geschrei,
und irgendwo ist Krach, Geschirr zerbricht in Scherben,
im Erdgeschoß erscheint die Polizei,
denn aus Verzweiflung hat sich hier ein Mensch getötet —
die Stempelkarte wuchert auf dem Tisch —
von nebenan hört man ganz dumpf wie einer flötet,
als wär dies alles unabänderlich.

Walter Bauer:

Zu Zeiten überfällt mich die grundlose Unruhe
und ich beneide alle, die voll Glaubens sind,
wie er auch sei, und die beten, oder deren Gedanken
sich entfernen vom Geräusch der Dinge.
Ich überlege, warum ich nicht mehr dazu imstande bin
und so tiefer Gewißheit zu leben
wie der Mönch in Tibet, der sich einmauern läßt,
um näher bei Gott zu sein.

Ich tröste mich damit, daß neue Mythen unterwegs
                                                  sind,
Mythen voll neuer Gegenwart, die das Unverständliche,
Sinnlos-scheinende klar macht —
ich tröste mich damit und sage mir,
daß der Tod meiner Freunde und Brüder im Krieg
so gut ein Stück des Neuen ist
wie die Stunde im Kino, im Dunkel, vor einem Film,
wie auch der Augenblick,
da ich am Radioapparat sitze und einen neuen Sender
                                                  finde
in tiefer Nacht.

Walter Mehring:

Lied vom trocken Brot

Wer arbeit' muß auch essen Und weil er essen muß
Das macht das Essen so teuer — daß er mehr arbeiten
                                                  muß
Und wenn er noch mehr arbeit't — is mit der Arbeit
                                                  Schluß
Dann gibt es keine Arbeit — so daß er hungern muß!
Rechten Linken! Rechten Linken!
Trocken Brot und Wasser trinken
Das ist unsre Welt!

Keen Ende und keen Anfang
Immer an der Wand lang Immer an der Wand lang
Dahinter liecht das Jeld!

Wer hungert, kann nich arbeit'n Wer nich arbeit't,
　　　　　　　　　　　　　　　braucht kein Brot
Brot gibt's nich ohne Arbeit — kein Brot is Hungersnot!
Und Hungern, das tut Wunder — das ist eine Himmels-
　　　　　　　　　　　　　　　macht
Daran haben sich Millionen — Millionen gesund ge-
　　　　　　　　　　　　　　　macht.
Rechten Linken! Rechten Linken!
Essen trinken Essen trinken
Davon lebt die Welt
Uns trennt bloß eine Handlang
Immer an der Wand lang Immer an der Wand lang
Dahinter liecht das Jeld!

Erich Weinert:

Exmittiert

Laß man, Jrete! Nich immer weenen!
Davon kriegste ooch keen Quartier!
Is bloß dumm mit die beeden Kleenen!
Wie machen wir det? wo schlafen die hier?

Ick jeh nachher mal hier in die Jejend.
Die Kleenen bring ick schon unter Dach.
Du leejst Dir ufft Sofa! Wennt bloß nich reejnet!
Ick passe hier uff, ick bleibe denn wach.

Weeste, Jrete, vor sechzehn Jahren,
Im Krieg, da sah det ebenso aus!
Det war, wo wir drieben in Beljien waren.
Da mußten sie ooch aus de Häuser raus.

Wir waren ja damals die Helden von Flandern.
Und der Dank des Vaterlands war uns jewiß.
Den kriegten bloß aus Versehen die andern!
Ooch der Schieber, wat unser Hauswirt is!

Dafor habn wir draußen inn Dreck jeleejen!
Weene nich, Jrete! Det is nu ejal!
Ick hab schon verlernt, mir uffzurejen!
Oder denkste wir jehn in Landwehrkanal?

Nee, Jrete, wir haben so ville jetragen!
Den Kummer nehm wir nu ooch noch hin!
Bald is et soweit! Det kann ick Dir sagen!
Denn sind wir bei den in de Villa drin!

Denn roocht der de letzte dicke Zigarre.
Denn kann der mal Straße feejen jehn.
Und denn hat jeder Prolet ne Knarre!
Jrete, denn wird et erst richtig scheen!

Denn brauch ick nich mehr uff Arbeet zu warten.
Der dicke Schieber schmeißt keenen mehr raus!
Unsere Kleenen spielen bei den inn Jarten.
Denn brauchen se nich mehr int Krankenhaus.

Jrete, det mußte dir immer sagen!
Denn kommen wir ooch über de schlimmste Zeit!
Det Letzte könn wir nu ooch noch tragen!
Nich weenen, Jrete! Et is bald so weit.

Carl Wehner:

Arbeitslos

Wenn ich durch die Straßen gehe,
frierend, arbeitslos,
vor den warmen Läden stehe,
frage ich mich bloß:

„Mensch, es gibt noch was zu mahlen
für den Zahn im Maul,
jeden Dreck mußt du bezahlen —
das ist oberfaul!"

Fühle ich die kalten Winde
schneidend im Gesicht,
sag' ich bloß, was ich empfinde:
„Kälte kostet nischt!"
Warum nur die Stempelstelle
schon um 2 Uhr schließt,
wo man wärmt die mag're Pelle,
bis die Zeit verfließt?

Zwischen mir und dieser Erde
liegt ein bloßer Zeh,
zwischen Hunger und dem Herde
leer das Portemonnaie.
Wir sind an die Wand Gestellte,
ohne Firmament...
in uns ist die große Kälte,
die wie Feuer brennt!

Leo Hirsch:

Fürsorge

Jede Nacht um halber dreie
träum ich einen satten Traum,
wo ich dir und mir verzeihe,
daß wir heute kaum
Frühstück oder Mittagessen
oder Abendbrot gegessen.
    Lebt man nicht, wie's Gott gefällt?
    Engel kriegen auch kein Geld.
    Das ist unser Hungertrost —
    Prost!

Wenn ich tags vor Hunger schreie —
auch dein Hunger schreit mich matt —
jede Nacht um halber dreie
träume ich uns satt.
Nur, daß Träume manchmal lügen,
das vermindert das Vergnügen.
    Lebt man nicht, wie's Gott gefällt?
    Engel kriegen auch kein Geld.
    Das ist unser Hungertrost —
    Prost!

Muß man essen? Muß man rauchen?
Miete, Gas und Licht? Wer borgt?
Nur daß wir zu Kreuze krauchen,
dafür ist gesorgt.
Und wir sind geduldige Schafe;
Gott ernährt uns ja — im Schlafe.
    Lebt man nicht, wie's Gott gefällt?
    Engel kriegen auch kein Geld.
    Das ist unser Hungertrost —
    Prost!

Erwin Dorow:

Gebet der armen Liebenden

Geld heißt das Wort.
Denn wenn du einen Menschen liebst,
willst du ihm einen Kaffee bezahlen und ein Stück Torte und einen Likör,
willst du ihm Wäsche und Kleider schenken, auch einen Mantel mit Pelz zum Winter und eine kleine Perle zu Neujahr,
willst du ihm ein windstilles Zimmer mieten und ein paar hübsche Möbel kaufen,
willst du mit Tränen dich in ihn vergießen,
willst du mit Tränen dich in ihm vergessen,

willst du mit ihm siebenter Himmel spielen, heute und
   morgen und immerdar.
Das und kaum mehr, doch auch weniger nicht
willst du,
wenn du einen Menschen liebst.
Und du liebst heute einen und morgen einen, und
   immerdar liebst du einen Menschen, — immer
   denselben oder irgendeinen; denn du bist ein
   Mensch, und da ist das so.
Immerdar liebst du einen Menschen. Immerdar brauchst
   du Geld dazu.
Geld heißt das Wort.
Herr, sieh uns an: wir lieben uns!
Herr, gib uns Geld!!

Erich Kästner:

Sozusagen in der Fremde

Er saß in der großen Stadt Berlin
an einem kleinen Tisch.
Die Stadt war groß, auch ohne ihn.
Er war nicht nötig, wie es schien.
Und rund um ihn war Plüsch.

Die Leute saßen zum Greifen nah,
und er war doch allein.
Und in dem Spiegel, in den er sah,
saßen sie alle noch einmal da,
als müßte das so sein.

Der Saal war blaß vor lauter Licht.
Es roch nach Parfum und Gebäck.
Er blickte ernst von Gesicht zu Gesicht.
Was er da sah, gefiel ihm nicht.
Er schaute traurig weg.

Er strich das weiße Tischtuch glatt.
Und blickte in das Glas.
Fast hatte er das Leben satt.
Was wollte er in dieser Stadt,
in der er einsam saß?

Da stand er, in der Stadt Berlin,
auf von dem kleinen Tisch!
Keiner der Menschen kannte ihn.
Da fing er an, den Hut zu ziehn...
Not macht erfinderisch.

Bert Brecht:
Er ging die Straße hinunter

Er ging die Straße hinunter den Hut im Genick!
Er sah jedem Mann ins Auge und nickte
Er blieb vor jedem Ladenfenster stehen
(Und alle wissen, daß er verloren ist!)

Sie hätten ihn hören müssen, wie er sagte, er werde noch
Mit seinem Feind ein ernstes Wort sprechen
Der Ton seines Hausherrn behage ihm nicht
Die Straße sei schlecht gekehrt
(Seine Freunde haben ihn schon aufgegeben!)

Er will allerdings noch ein Haus bauen
Er will allerdings noch alles beschlafen
Er will allerdings nicht zu schnell urteilen
(Ach er ist schon verloren, es steht doch nichts mehr
                                        hinter ihm!)

[Das habe ich schon Leute sagen hören.]

Peter Scher:
Der sonderbare Mann am Fenster

Vor dem schon wirklich feinen Herrenartikelgeschäft
    von Thann
sieht sich ein sonderbarer Mann die Auslage an.
Es interessieren ihn offenbar ganz erheblich stark
die leuchtenden Bindeschlipse — das Stück schon zu
    sieben Mark

und mit nicht minder forschendem Blick verweilen
    seine großen
Augen auf der zum Himmel jauchzenden Pracht der
    Unterhosen.

Alles das wäre gewiß nicht übertrieben interessant...
aber der Mann ist über alle Maßen zerlumpt und
    abgebrannt;
seinen Anzug zu schildern ermangle ich sehr der Phan-
    tasie,
und etwas Ähnliches wie seine Schuhe trug ein Lebe-
    wesen nie.

Dieser nun also stand mit ruhig betrachtendem Blick
und musterte die feinen Bekleidungssachen Stück für
    Stück.
Aber ob auch sein Blick die wunderlichsten Preise
    überlief —
nicht das gelindeste Grinsen zog seine Mundwinkel
    schief.
Freundlich, als lege er beiläufig mal dreihundert an,
suchte verwarf und „wählte" bei Thann der lumpige
    Mann.

Ist er der kommenden Herrschaft der Zerlumpten so
    gewiß?
Hält er, daß er s o lächeln kann, das Universum für
    Beschiß?

Trägt er den Frieden Gottes in seiner unbehemdeten
Brust?
Ist er sich seiner lächelnden Furchtbarkeit bewußt?

Keiner kann's wissen, keiner kann sagen: Wie, warum,
wann.
Lächelnd und rätselhaft entschlurft der sonderbare
Mann,
und vorschriftsmäßig gekleidete Herren treten zum
Fenster von Thann.

Martin Kessel:

Der Schlottermann

Mit mir ist nicht zu spaßen,
ich schleppe wie ein Lastgespann
den Körper durch die Straßen,
das Pflaster philosophiert mich an.

Ich weiß, ich bin ein Toter,
mein Atem keucht und gibt nichts her;
die Sonne hockt, ein roter,
ein roter Schurke, riesenschwer.

Wohin soll ich denn laufen?
Was zahlst du, der du mich nicht kennst?
Du willst mich wohl verkaufen
als Blutwurst oder als Gespenst?

Noch mag ich nicht ans Sterben;
so schön ist's, wenn ein Turm zerfällt,
so schön ist's, zu verderben
und Schutt sein schon auf dieser Welt.

Mit mir ist nicht zu spaßen,
ich wurme voller Idiotie.
Meine Heimat sind die Straßen!
Und sterben? stirb! ich sterbe nie.

Hans Friedrich Blunck:
Arme Frau im Lärm

Mitten im wühlenden Lärm — ein Flieger entsirrt,
Lastwagen donnern zu Hunderten über das Pflaster
Rand an Rand durch der Großstadt heißeste Straße.
Lautsprecher schrein, Hupen und knatternde Gase —
Mitten im heulenden Lärm, da die Menschen sich gierig,
Händler, Herren, Beamten und Bettler, umgeizen,
Hart und prüfend bemessen, auch Bürgersfrauen,
Schöne Frauen, die Läden beschauend sich spreizen:
Mitten im Lärmen und einsam im großen Getümmel
Seh ich ein Weib, armselig, gehetzt, einen Wagen
Mühsam vorwärts stoßen. Kein altes Gesicht,
Jüngst erst verhärmt, ich helf ihr ein Stücklein beim
                              Plagen,
Und bekomme ein Nicken vom Weg ihres Plunders —
Aber so arm ihre Stirn, so reich aus verhohlener Seele!
Fremde, du warst dieser kochenden Straße Mitte,
Aus der Unrast ein leiser Ruf eines Wunders.

Edmund Finke:
Die Frau mit dem Hute

Sie sah mich an. Die Wange war gerötet,
um ihre Lippen bebten Scham und Wut,
ihr Auge funkelte, als hätte sie getötet,
in ihren Händen hielt sie einen Männerhut.

Sie ging vorbei. Der Schritte hartes Tasten
nach Boden, Erde, Regel, Ziel und Maß
war wie die Angst vor fremden, würdelosen Lasten
und klang am Steine wie geborstnes Glas.

Ich sah ihr nach. Und sah durch Stein und Mauern
den angesoffnen Mann im Ehebett
verschlafen zwischen den zerknüllten Kissen kauern
und jammern, daß er seinen Hut vergessen hätt'.

Und sah hinab. Die tiefelose Straße
hing undurchdringlich wie ein schiefes Schild
im Leeren und verlor die Zeitlichkeit der Maße
vor dieser Frau, die sich an einem Hute hielt.

Georg Zemke:
Eine Invalidenkarte erzählt

Was ich hier sage ist so nebensächlich,
es ändert nichts und ist nicht aktuell.
Die Arbeitszeit verläuft nur ganz gemächlich,
man altert oder stirbt eventuell,
das heißt: nicht ich, nur der, für den ich lebe,
für den ich eine schmale Hoffnung bin,
und den ich zwinge, daß er mich beklebe
mit Marken; später hat das einen Sinn,
so sagt man, um es irgendwie zu deuten. —
Vielleicht gelingt es ihm, daß er das Ziel erreicht.
Ich bin nicht reserviert zu all den Leuten,
ihr bißchen Leben lebt sich ganz gewiß nicht leicht.
Ich heiße Müller, Kurt, bin 64 Jahre alt und Maurer.
Für einen Dichter bin ich gar kein tragisches Motiv,
der Mann starb vor der Zeit, ein Unglücksfall, seitdem
                              hab ich nun Trauer
und mit mir trauern alle meine Schwestern im Archiv.

Gerhart Herrmann Mostar:

Packer

Schleppen ... schleppen.
Immer wandern. Immer durchklimmen
Die bergige, graue Nomadenheimat der Treppen.

„Prr — opp!" Sich selber befehlen mit peitschenden
Stimmen.
Tier sein und Treiber. Zu flächigen Gipfeln traben,
Die nüchterne Namen haben:
Dritter Stock ... vierter Stock ...

Oben, an fremden Pfosten, scheuern die Lastviehrücken.
Trocknen im roten Hals das zerschwitzte Gelock.
Raummeter und Zentner ordnen, die plötzlich Sinn haben
und schmücken.

Und manchmal breithüftige Fraun in den Sonntag
führen.
Unbeholfen durch Parke spüren
Wie Bergbewohner durch endlos ebene Steppen:
Mit Schritten und Schultern, die immer vornüber fallen,
Mit Augen, die Bäume abmessen wie Kisten und Ballen,
Mit Händen, die immer nach fernen Geländern krallen —

— immer auf der Suche nach Treppen.

Otto Ernst Hesse:

Schöner Asphaltstampfer

Im lärmenden Strom der Straße ein schöner Asphaltstampfer,
rhythmusrege stampft er den glühenden Asphaltbrei.
Tönende, eilende, duftende, staubende Dampfer,

ziehn Straßenbahnen,
Wagen, Herren und Damen
einer bronzebraunen Märcheninsel vorbei.

Aus weißem Hemd steigt stählerne Brust entgegen,
gerollte Ärmel entblößen emsiges Muskelspiel.
Schweißperlen betropfen ihm auf leuchtenden Wangen-
  wegen
die kühnen Spitzen
des Bartes und blitzen
im krausen Haar seiner Brust wie Nachttau am Gräser-
  stiel.

Gleichmäßigrosige Glut von glühendem Holzkohlen-
  becken
malt bräunliches Fleisch zu atmendem Bronzebild.
Die kräftigen kochenden Teergerüche erwecken
den staubigen Lungen
Erinnerungen
an Schiff und Nacktsein in Zinnowitz und Sylt.

Wir denken wohl auch an starke belgische Arbeitspferde,
an fellzerfaltete Schenkel vor schwerer Last.
Uns formt in der Fläche der Hand sich die liebe Gebärde,
die über dem braunen
Fell mit dem Staunen
kräftiger Wollust die Regung der Muskeln faßt.

Doch vielen Frauen zögern die schlanken bebenden
  Schritte,
tief aus dem Blute blitzt manch heimlicher Blick.
Er aber steht in des treibenden Straßenstroms Mitte,
hebt und senkt
den Stampfer und hängt
ein Lächeln um sich; denn tausend Augen drehn sich
  voll Freude nach ihm zurück.

Franz Mahlke:

Zeitungsträgerin

Wenn der Laternen Augen müde schauen,
Und wenn die ersten Straßenbahnen fahren,
Dann huschen um die Häuserecken Frauen,
Gebückt und oft schon grau an Haaren,
Mit Zeitungsbündeln. Grau sind die Gesichter
Und stumpf, — so viel sie Neues tragen,
Die Fraun, im fahlen Schein der Treppenlichter,
Sie selber mögen garnichts dazu sagen.

Sie sind wie aufgezogne Automaten —
Am Türschlitz ihre Zeitung herzugeben,
Ist ihr Beruf — so laufen sie die Daten
Des neuen Monats ab — so ist das Leben.
Sie gehn treppauf — treppab und ohne Klage,
Vielleicht oft dankbewegt durchs Morgengrauen.
Erst arbeitslose wären arme Tage;
Das ist das Wissen dieser Zeitungsfrauen.

Victor Wittner:

Briefträger

Das Rudel der Briefträger schwärmt wie ein Taubenhauf aus:
eben haben sie das morgenfrühe Postamt verlassen,
das aus schwarzem Mundloch den Nachtdienst ausgähnt,
fremd wie ein Taubenschlag, in dem noch kein Menschenaug war.
Noch fliegen sie ein Stück miteinand, die eilenden Briefboten,
und rufen sich kleine Worte, die niemand versteht,
leichtes Ungefähr, doch sinnvoll wie eine Vogelunterhaltung.

Lauter wird ihr Geplänkel, sie lösen sich aus dem Rudel,
noch ein Wörtchen hinüber, herüber — schon wirft sich
die Straßenbahn zwischen sie, das letzte zersplittert am
Kasten.
Zwei gehen noch bis zur Ecke, dann reißt den einen
die Straße fort, die sich öffnet mit Nummer und Nummer.
Der andre flattert auf den Balkon der knarrenden Tram
und gleitet wie ein richtiger Mensch eine Strecke
(dem Schaffner zahlt er mit einem Verbündeten-Gruß)
und landet wieder und trottet, am Bauche den Beutel,
trächtig von Mahnungen, Klagen, Entschlüssen,
                        Gebühren-Bemessungen,
von Ahnungen, Fragen, Küssen, Schwüren, Erpressungen,
die er noch heute, Haus für Haus, gebären wird:
Briefbringer, Taube Gottes, Hiobs Hirt.

Arnold Krieger:

Der Mann im Stellwerk

Er steht im Weichenturm, er steht und handelt,
ewig im Wechsel, aber unverwandelt.

Breitspurig naht es, Zug um Zug, und zischt,
und wütig faucht es Geifer, raucht es Gischt.

Ins richtige Geleise bannt er alle,
ein Bestienbändiger der Intervalle.

Gläserne Kreise wechseln rot und weiß;
Lotse im Schienenhafen, gib Geheiß!

Er wirft Signale aus vom Melderkasten,
er peitscht die Induktoren, blockt die Tasten.

Er sperrt und hebelt, riegelt Fahrten frei,
und Troß auf Troß schnaubt an dem Turm vorbei.

Stromkurbelnd bahnt und schient er das Gedränge,
zwingt Radkranz, Hakenschlösser, Mutterstränge.

Der Mann im Stellwerk, an den Platz geeist,
er knirscht, als ob er sich sein Herz verbeißt!

Walter Bauer:

Ein Mann, der Nachtschicht hat

Der Mann, der aus der Nachtschicht kommt,
legt sich ins Bett, zu schlafen, wenn die Andern leben.
Ihm kann der helle Tag nichts geben,
nur Schlaf im Bett, das noch vom Traum der Frau
                                          erwärmt ist.

Er wäscht sich, ißt, legt sich und ist wie tot
für alles, das um seine Ruhe sich bewegt.
Manchmal hat er im Schlafe schwach geregt
die eine Hand, als sei da eine Last, die ihn bedroht.

Die Frau wäscht aus und kniet am Boden hin,
sie hat die Tür zur Schlafkammer leis zugemacht.
Ihr Kind, das noch nicht in die Schule geht,
schickt sie zum Spielen raus, weil es so lacht.
Ihr Mann soll schlafen, denn er hat es schwer.

Wenn mittags ihre Kinder aus der Schule kommen
wie ein Vogelschwarm,
sagt ihnen Mutter, daß sie sollen leise sein,
weil Vater schläft. Und niemand geht hinein,
als sei dort drin ein Toter aufgebahrt.

Am Nachmittag erst geht die Türe langsam auf,
der Mann der Nachtschicht ist von etwas aufgewacht,
vielleicht hat auf der Straße doch ein Kind
zu großen Lärm gemacht.
Er ißt, trinkt, fragt: wo sind die Kinder?
Die sind jetzt beim Spiel.

Am Abend sieht er sie nur kurze Zeit.
Wenn sie schon schlafen, ists für ihn zur Schicht nicht
weit.
Für Frau und Kinder ist jetzt Ruhezeit und Nacht,
indes er sich zur Nachtschicht und zu seinem Leben
fertig macht.

Max Hermann (Neiße):

Gastwirtstochter

Gastwirtstochter in der engen Zelle
zwischen Thekenschranke und Regal,
hinter dir Liköre, dunkle, helle,
Flaschen, Bierglas, Schnapsglas, Weinpokal,
vor dir auf dem Schank die Hähne blinken,
der für Münchner, der für Pilsner Bier,
dann der Tisch mit Würsten, Käsen, Schinken,
dann die zweifelhaften Gäste: wir.

Mittags kommen Die, die eilig essen,
selten schänkst du eine Weiße ein,
manchmal darfst du Pflicht und Welt vergessen
und mit einem Buche glücklich sein.
Doch der Kellner will Zigarren haben
und dein kurzes Träumen wird gestört.
Armes Ding, das niemals seinem Knaben,
stets der ganzen Kundenschaft gehört!

Abends ist die schlimme Zeit der Zecher,
dann hast du zum Lesen keine Ruh:
ihre Becher füllst du, immer frecher
werfen sie dir tolle Zoten zu.
Und dir graut vor diesem Fresserbauche,
wo als Kette baumelt sein Gedärm.
Atmen kannst du kaum noch in dem Rauche,
denken kannst du kaum noch in dem Lärm.

Immer lauter wird er, schwillt zum Zanke,
Flüche hörst du, Schläge und Tumult.
Du blühst abseits hinter deiner Schranke
ohne Schüchternheit und ohne Schuld.
Und gelassen zählst du deine Kasse,
wenn der Vater seinen Laden schließt.
Mädchen, das von Liebe fern und Hasse
im Roman ihr Leben nur genießt!

Ossip Kalenter:
Auf eine Eisverkäuferin

Du braune Eisverkäuferin
Vom Faubourg Saint-Antoine,
Nimm Geld für Kuß und Kühle hin!
(Mich schmerzt mein hohler Zahn.)

Sieh Wolken ob den Häusern wehn!
Gelüstet dich nach Wald?
Dein Vaterhaus... Es war so schön...
Der Bach im Sommer kosend kalt...

Wie du die Waffel lächelnd gibst,
Bist du in Fernen schon,
Die du noch immer liebst
Der Stadt zum Hohn.

Sieh Kinder eifrig dich umstehn!
Es ist so heiß.

Für ein paar Sous, es schmeckt so schön,
Gib ihnen Eis!

Vanille ist wie Wolke süß,
Und Himbeer rinnt ins rosa Herz...
Weißt du noch, wie er dich verließ?
Du wolltest sterben erst vor Schmerz...

Die Sonne sengt. Die Stadt verbrennt.
Gib ihnen Eis!
Ob einer deinen Kummer kennt?

Wer weiß...

Karl Schnog:

Kinder im Kaufhaus

Die Näs'chen heben sie wie junge Hunde
und blicken wie im Traum die bunte Runde.
Von all dem hellen Glanze sind sie blind.
Der Herr Rayonchef hält im Schreiben inne,
die Fahrstuhlführer haben Scherz im Sinne,
selbst die Verkäuferin wird fast zum Kind.

Die Schwerbeladnen heben die Pakete,
der Packer achtet, daß er sie nicht trete,
der Herr Portier dreht seine Tür beglückt.
Wie kleine Engel gehn sie durchs Gewimmel.
Der Lichthof weitet sich für sie zum Himmel
und Mutterhände werden heiß gedrückt.

Zu hellen Zelten werden Restetücher,
zum Zaubergarten bunte Bilderbücher,
das Puppenlager wird zum Märchenland.
Fachleute glauben, daß die Kinder stören.
Die Menschenkenner wollen darauf schwören:
Sie heben Umsatz, Stimmung und Versand.

Fritz Engel:

Berlinerinnen

Welche wohnen am Wannseestrand
Und steuern den Wagen mit eigener Hand,
Finden es aber so trostlos! dort
Und reisen heute und morgen fort.
Im Januar: Pyramiden,
Im Februar nach Cannes,
Und baden, schlanke Sylphiden,
Im August zu Biarritz dann.
Im September ist es Venedig,
Wohin es sie stürmisch zieht —
Sie sind getraut oder ledig,
Das ist kein Unterschied.
Sie leben gerne gemeinsam
Und lassen das Männchen dann stehn
Und klagen: „Seelisch einsam
Muß man durch's Leben gehn..."

Welche wohnen Berlin Nordost.
Die Sonne glüht, wild fegt der Frost.
Die gehen und gehen in die Fabrik
Und Sonntags Rummelplatzmusik.
Oder sie stehen, von Gören umschrillt:
„Mutter, mir hungert!" am Scheuerfaß
Und sehen ihr eigenes Spiegelbild
Nur in dem grauen, seifigen Naß.
Oder — es gibt auch die andern,
Laßt sie das Viertel nächtlich umwandern.
Und alle haben sie so oder so,
Öffentlich oder incognito,
Ein männliches Individuum.
Gleichviel, er macht sie auf Stunden froh
Und haut sie nachher krumm...

Walter Schirmeier:

Photomaton

Jeden Tag einen neuen Quark:
Photomaton — acht Bilder 'ne Mark!
Eine Mark —
   Nur eine Mark?! — —
Für eine Mark schlug man schon Menschen tot,
für eine Mark gibt es vier Pfund Brot;
dafür nimmt dich ein Mädel mit,
macht man im Hippodrom einen Ritt — —
Eine Mark — zwei Stunden Lohn,
oder acht Bilder im Photomaton.

   Im Fenster hängt man den Streifen aus:
   Lieschen Brandt aus dem Hinterhaus.
   Achtmal wie die Garbo oder Clara Bow,
   Profilaufnahme, en face und so;
   Lieschen im Fummel von C. & A.,
   in der Lunge Tuberkeln, hängt lächelnd da.

Täglich neun Stunden bei Schwarz & Sohn,
17 Mark 50 pro Woche Lohn;
Säuregestank und Ofenglut —
(manchmal spuckt sie verstohlen Blut).
Sechse sind sie zuhaus — 13 Mark zahlt sie Kost,
davon hungern sie gemeinsam, ein schwacher Trost.
Die anderen sitzen schon lange zuhaus — — — — —
   Sonntag nachmittag geht Lieschen aus.
   Zuerst auf den Rummel, dann später zum Tanz,
   mit billigen Schnäpsen und Talmiglanz.
   Montags wieder bei Schwarz & Sohn — — —

Jetzt hängt ihr Bild im Photomaton,
blaß und schmal, achtmal ein fremdes Gesicht — — —
— — — — — — — — — —

irgendwo jemand diktierend spricht:
„Schreiben Sie: Elisabeth Brandt, mit d—t,
Todesursache: Tbc.,
Armenbegräbnis; gez. Schmidt — — — — — —"

Das ganze Haus ging zum Friedhof mit.
— — — — — — — — — — —
— — — — — — — — — — —

Vor vierzehn Tagen starb Lieschen schon,
ihr Bild hängt noch immer im Photomaton.
Achtmal wie die Garbo oder Clara Bow,
einmal glücklich, gelöst und froh.

Heinz Zucker:

Nachtarzt auf der Rettungswache

Flach ist dieser Raum, den nackter Lichtschein blendet,
Daß er, verwirrt, bald zu mir hinstrebt, bald mich flieht,
Flach ist der Krankentisch mir zugewendet,
Flach ist der Stuhl, der am Gesimse endet,
Der flache Glasschrank hütet Nickel, Mull und Sprit.

Weißgekalkt sind diese grellen Wände,
Der Boden, Zackenwunde im Linoleum,
Weißgekalkt und übernächtig meine Hände,
— O daß ein Laut ins Weißgekalkte fände! —
Im Spiegel steht mein Antlitz, weißgekalkt und stumm.

Abgemessen starren diese kalten Dinge,
Abgemessen ist ihr Makel, ihre Nüchternheit.
Die leeren Stunden, die ich hier verbringe,
Reihn, endlos abgemessen, sich zum Stundenringe,
Flach, weißgekalkt und abgemessen steht die Zeit.

Theodor Kramer:
Müder Strolch

Spült mit Korn die ausgepichte Kehle,
laßt das Kauen sein (denn Ihr seid satt),
daß ich Euch von schwerer Not erzähle,
die mich über Nacht befallen hat.
Wie ich Strolch mich auf die Holzbank werfe,
wie ich schmatze, dünkt mich nimmer neu;
nimmer probt die Hand des Messers Schärfe,
und die Pfefferschote schmeckt wie Heu.

Keine Spannkraft bebt in meinen Armen
und ich kaure abgestumpft beim Stoß;
nur zu Abend räkelt sich Erbarmen
mit mir selbst und machte mich fast groß.
Von den öldurchtränkten Sägespänen,
die der Diele leihen milden Schein,
höb ich manche Hand voll mit den Zähnen
gerne auf, nur um wie einst zu sein.

Stadt der Rutschen schwarz und breit im Norden,
kahl im Süden und des Strauchwerks bar:
sieh dein Sohn ist zeitlich müd geworden,
müder noch als er mißraten war.
Zwischen Dächern glühn noch nachts die Sterne
eingeklemmt, und fahrig glost das Licht;
aber niemand kommt und hat mich gerne
und zerschlägt mir schwarz das Angesicht.

Ach wie winzig und wie schmal das Leben
sein kann, darf ich sagen, Mann zu Mann,
nun mir keiner, was gewesen, geben
und mir nichts und niemand helfen kann.
Weil auch Milde nicht mir könnte frommen,
fürcht ich nimmer mich im Traum, durchnäßt,
daß vor Nacht zwei stumme Männer kommen
mich zu binden rücklings quer und fest.

Reißt die Zier mir, Freunde, aus den Ohren,
gießt den Schnaps mir über Stirn und Haar,
denn ich bin und bleib für Euch verloren
und der Säfte raschen Lebens bar:
ob ich hoch nun steige oder nieder,
ob nach Jahren, das Gewand zerfranst,
einer nachts mich trifft als Bettler wieder
oder, Schankwirt, stehn mit vollem Wanst.

Walter Gutkelch:
Der Bandoniumspieler

Der Bandoniumspieler ist eine Sache,
die man erlebt haben muß.
Besonders während der Stimmungsmache
der Glühwürmchen ist er ein großes Plus.

Rein äußerlich scheint er rübezählern
über verhexte Abendhäfen zu sehn,
derweile zwischen den stählern
ergrauten Kranen die Lampen angehn.

Aber im Trauergebälk seiner Pausen,
zu dem ihm die schwarzgerippte Harmonika
mitunter wegblättert, singt ein Sausen
unmöglicher Legenden Hallélujah.

Ein Schiff wiegt darin und ein Muschelweinen,
der Blick auch tiefseeisch glühen Getiers.
Und wenn die Pause vorbei ist, hat einen
die kitschige Süße des Schifferklaviers...

Topp Bandonium, katzenhaft Oktaeder,
von brünstig wackelnden Fäusten gepreßt —
um deinen Blasebalg hockt ein jeder,
den Gott in das Schluchzen der Kindheit entläßt.

Theobald Tiger:

Angestellte

Auf jeden Drehsitz im Bureau
da warten hundert Leute;
man nimmt, was kommt — nur irgendwo
und heute, heute, heute.
    Drin schuften sie
      wies liebe Vieh,
sie hörn vom Chef die Schritte.
Und murren sie, so höhnt er sie:
    „Wenns Ihnen nicht paßt — bitte!"

Mensch, duck dich. Muck dich nicht zu laut!
Sie zahln dich nicht zum Spaße!
Halts Maul — sonst wirst du abgebaut,
dann liegst du auf der Straße.
    Acht Stunden nur?
    Was ist die Uhr?
Das ist bei uns so Sitte:
Mach bis um zehne Inventur...
    „Wenns Ihnen nicht paßt — bitte!"

Durch eure Schuld.
                Ihr habt euch nie
geeint und nie vereinigt.
Durch Jammern wird die Industrie
und Börse nicht gereinigt.
    Doch tut Ihr was,
      dann wirds auch was.
    Und ists soweit,
      dann kommt die Zeit,
wo Ihr mit heftigem Tritte
und ungeahnter Schnelligkeit
herauswerft eure Obrigkeit:
    „Wenns Ihnen nicht paßt —: bitte!"

Oscar Ludwig Brandt:
Ein Angestellter Ende August

Dunkel wurde es nun schon wieder um neunzehn Uhr.
Bald muß ich feierabends aus dem Tor der Fabrik in
    den Nebeldunst treten,
und mein Weg geht nicht mehr durch Kornfelder oder
    am Seestrand entlang
vor Sonnenuntergang.

Keine Wälder atmen vor der Stadt, daß eines schlafenden
    Vogels Ruf
oder der Wind zwischen Farren, Kräutern, im Busch,
    im Baum
mich lockt, schwere Gedanken einen Abend lang zu
    vergessen und den Seufzer beim Lohnempfang
nach Sonnenuntergang.

Jetzt bleicht die frühe Nacht jede Lust.
Zu früh graut in unruhigen Schlaf ein verspäteter Tag,
    der wie ein Schacht
den Atem beengt. Nie barg die Arbeit so des Fronens
    Zwang
und Untergang.

Werner Finck:
Alle Jahre wieder ...

Jetzt sitzen sie wieder zu zehnt auf der Bank
Auf der Bank für sieben bis acht.
Und die einen streicheln am andern entlang
Und die Mädchen schöpfen Verdacht.

Jetzt wandeln sie wieder, und dichter an dicht
Geht's die Wege entkurz und entlang,
Und wollen die Damen jetzt immer noch nicht,
Dann spielen die Herren va Bank!

Jetzt stehen sie finst'rer in Mitternacht
Als jemals ein Posten es stand;
Doch das legt sich auch, und die Liebe erwacht,
Und das Weitere ist ja bekannt.

Max Barthel:
Alfred Born

Alfred Born, das ist ein Milchausträger
Und zu sehen jeden Morgen in der Stadt Berlin,
Auf den Hintertreppen, in den Mietskasernen
Viele Frauen und auch Mädchen warten schon auf ihn.

Alfred Born, der ist erst siebzehn Jahre,
Aber dieser Bursche kennt die Welt,
Kennt sie besser als ein Filmschauspieler,
Der sich für den Liebling seines Volkes hält.

Alfred Born, der kennt die andre Seite,
Kennt den Kampf um Arbeit und den Kampf um Brot,
Alfred Born hat viele heiße Wünsche,
Doch die meisten schlägt die Not mit ihrer Peitsche tot.

Alfred Born wird müde von der Arbeit,
Denn sein Dienst ist wie ein großer Streckenlauf,
Ja, und manchmal schlägt der Alfred an den Türen
Bei den jungen Mädchen seine schwarzen Augen auf.

Gestern, als er stand vor einer Küchentüre,
Wurde er mit einem Mal gefaßt,
Plötzlich lag er an der Brust von einem jungen Mädchen
Und er fühlte ihrer Brüste süße Last.

Und sie küßte ihn und sagte: „Lieber!
Diese Welt, sie könnte schöner sein!"
Dann verschloß sie laut die Küchentüre
Und der Alfred Born stand auf dem Flur allein.

Auch am andern Tag, da wartet er vergebens,
Und das Licht beschmutzte sich im Fensterglas.
Dann erschrak er, aus der Küche wehte eine Wolke,
Und die Wolke, die war Selbstmord und hieß Gas!

Ja, das Mädchen, das ihn gestern küßte
Und mit ihrer Zärtlichkeit erschreckt,
Lag am Boden und sie hatte aus Verzweiflung
Sich den Gasschlauch in den Mund gesteckt.

Warum sie mit neunzehn Jahren aus dem Leben
Durch das dunkle Tor des Todes ging?
Ja, das konnte keiner von den vielen Leuten sagen,
Auch nicht der, der gestern einen Abschiedskuß empfing!

Das nur wußte er: so enden viele junge Mädchen
In der Viermillionenstadt Berlin,
Und sie küssen einen kleinen Milchausträger,
Nehmen dann den Gasschlauch und vergessen ihn!

Max Barthel:
Erna Kühne

Erna Kühne, achtzehnjährig, heute tanzt sie
In dem Vorstadtsaal und lächelt!
Sommerlaub ziert noch die Wände,
Aber bald kommt kühl der Herbst.
Kühl sind auch die weißen Hände
Erna Kühnes, kühl die Lippen,
Nur das Herz ist flammenheiß.

Auch die andern Mädchen tanzen,
Wiegen sich im Kreis. Es flattern
Viel zu dünne Sommerkleidchen.
Doch die Mädchen tanzen alle
Wie im Purpur ihres Blutes,
In den Flammen großer Sehnsucht.

Erna tanzt mit offnen Augen
Und vergeht in wilder Süße.
Hans, der Tänzer, führt sie strahlend.

Breit, mit schwingend großen Gesten,
Offiziersstand, alter Adel,
Der sich hier in grauer Vorstadt
Bei Plebejern, kleinen Mädchen
Aus Vergnügen eingefunden,
Tanzt Graf Egon mit Luisa.
Sie, Luisa, macht ein Mäulchen,
Aber Egon lächelt höflich,
Tanzt, als ritte er ein Reitpferd,
Edelrasse, selbstverständlich,
Selbstverständlich auch der Stammbaum,
Durch das niedre Volk und stößt,
Stößt die kleine Erna Kühne
Aus Versehen in die Hüfte,
Daß sie taumelt.
Und da murrt das niedre Volk.

Niedres Volk, das sind hier
Gentlemänner, deutsche Lyrik,
Kaufmann, Ladenmädchen, Nutte,
Auch ein kleines Wölkchen Puder
Und ein Düftlein Casanova...
Aber Erna, achtzehnjährig,
Steht schon wieder, lächelt und
Blendet mit dem schwarzen Lichtblitz
Schöner Augen grell den Grafen,
Daß er friert und sehr verlegen
Auf das Mädchen zutritt:
„Froilln, jestatten! Ohne Absicht!
Bin Graf Egon..."

Blut ist nun im weißen Antlitz,
Rot sind nun die bleichen Lippen,
Seht, sie lächelt sehr geschmeichelt,

Ist verwirrt und sagt sehr mühsam:
„Ich, ich heiße Erna Kühne,
Bitte, Mauergasse sieben..."

Die Musiker sind sehr tüchtig,
Sehen diesen kleinen Jahrmarkt,
Diesen kümmerlichen Trubel.
Wie in einer Donnerwolke
Thronen sie auf ihren Sitzen.
Einer trommelt, der trompetet,
Jener bläst, und der spielt Geige,
Einer heult im Saxophon, ein Irrer,
Der melodisch einer kalten Marmorstatue
Seine Liebe will erklären.
Doch der Hauptherr über allen
Menschen und auch Musikanten
Ist der Mann der großen Pauke...

Frühling ist es nun geworden,
Frühling auch für Erna Kühne.
Ist nun lange nicht mehr blutarm,
Trägt schon lange seidne Kleider,
Wohnt auch nicht mehr an der Mauer.
Denn Graf Egon tanzt, als ritte
Er ein Reitpferd, nun mit Erna.

Erna Kühne, neunzehnjährig,
Große Dame und im nächsten —
Ja, im nächsten Jahr schon zwanzig,
Ist ganz glühend aufgestiegen
Wie des Nachts die Lichtrakete.
Erna Kühne, einundzwanzig,
Immer noch voll Mut und Leuchtkraft,
Um dann rascher und viel greller
In das schwarze Nichts zu fallen...

Laßt uns trauern, liebe Freunde,
Trauern um die Erna Kühne!

Lion Feuchtwanger:

Vom richtigen Benehmen Damen gegenüber

Herr B. W. Smith hatte sich die Passionsspiele in Oberammergau angeschaut.
Er hatte die erwartete Weihe und Langeweile verspürt
Und hatte sich, alles in allem, preiswert erbaut;
Insbesondere der Darsteller des Christus, Mr. Lang,
     hatte ihn für mindestens 150 Dollar gerührt.
Als er indes las, dieser Christus habe die für die Zimmermädchen bestimmten
Trinkgelder für sich behalten, so daß es zum Prozeß kam,
Fand Herr B. W. Smith das brutal, seine männlich graden Instinkte ergrimmten,
Und er zerriß das Bild des Christus-Lang mitsamt seinem Autogramm.

Herr B. W. Smith sah, wie ein junger Mann, in einem deutschen Tonfilm, eine Dame,
Sie entführend, auf den Soziussitz seines Motorrads riß
Und dann, aus Opportunitätsgründen, als die Verfolger näher kamen,
Diese Dame einfach in den Straßengraben schmiß.
Da packte ihn Empörung über dieses Verhalten des Begleiters.
Er feuerte als 100prozentigen Einwand
Mehrere Schüsse gegen den unfairen Schatten und zahlte ohne weiters
Siebzig Dollar als Ersatz für die so beschädigte Leinwand.

Herrn B. W. Smith' Dachziegelfabrik litt unter einer Wirtschaftskrise,
Und Herr Smith war genötigt, in seinem Zentralbureau durchgreifend zu rationalisieren.
Er beauftragte Miß Silver, seinen weiblichen Personalchef, über diese

Maßnahme die 22 davon betroffenen Damen zu informieren.
Miß Silver, 22 blasse Gesichter um sich, wurde bang.
Ja, sie konnte sich nicht enthalten, selber sichtbar zu erblassen
Und in Ohnmacht zu fallen. Was Herrn B. W. Smith leider zwang,
Miß Silver ihrerseits zum nächsten Termin zu entlassen.

Arthur Silbergleit:

Im Schauhaus

Die Leichenfrau wusch sanft den Unbekannten;
Doch als ihr Schwamm ihm übers Antlitz fuhr,
Erspürte er nicht mehr die letzte Spur
Von Menschengüte. Oh, wer war er nur?
Ein Fremder ohne Freunde und Verwandten,
Der aufgelesen jüngst von einem Flur,
Im Totenbuch hieß: Mann 903.
903 auch schien die alte Uhr
Im Korridor wie einst sein Herz zu schlagen.

Und mit ihm träumte zwischen schwarzen Tragen
Und schrägen Totenschreinen, dunklen Schragen,
Die Leichenfrau voll grüblerischen Fragen
Und voll Versonnenheiten, wer er sei.
Husch flog ein Fliegenpaar an ihm vorbei;
Sein Sirren konnte ihr nicht Antwort sagen.

Der Herr Direktor kam im Gehrockschwarz:
„Rasch, rasch! Die Totengräber warten schon;
Denn eingeliefert wurden wieder Vier.
903 wünscht schleunigst sein Quartier!"

Im Totengarten scholl ein Vogelton
Und suchte unter Maßlieb und Salbei

Im Falter- und Vergißmeinnichtrevier
Ein Herz, beweint von eines Baumes Harz
Und tanzte um das Brett 903
Auf eines Hügels rotem Rosenthron,
Als ob ein Fürst ihm eingesiedelt sei.
Und leise rief des Windes Litanei
Zur namenlosen Schläferschar herbei
Der Wolkenschwestern weiße Prozession.

Eberhard Kuhlmann:

Engel im Baugerüst

Ehe die Nacht ergraut, zündet man täglich in tausend
 Stuben die Lampen an
und läßt die Träume davonfliegen, mit denen man im
 harten Licht nichts anfangen kann.
Und tausend Männer verlassen ihre Stuben, strömen
 durch die Gassen fort
und treffen sich und grüßen stumm und ziehn von
 allen Seiten hin zum Arbeitsort.
Das Hochhaus, das sie aufbaun, liegt wie ein schwarzes
 Gerippe noch, urweltlich verwirrt,
nur ins oberste Gestänge hat sich ein blasser Nebel und
 ein junger Strahl verirrt.
Die tausend Männer aber ducken feindlich die Stirn,
 wenn sie in die Leitern steigen,
und feindlich sind sie mit den Schiebekarren oder wenn
 sie sich zu den rohen Ziegeln neigen;
denn so sehr hassen sie die Gerüste im falschen Morgen-
 dämmern, daß sie nicht
die Sonne merken, die das Bauwerk mächtig über-
 schwemmt mit Licht.
So schuften sie mit stumpfen Augen die Schicht ab.
 Selbst die Jüngsten sind des frohen Lachens
 beraubt,

und manche schöne Erinnerung leuchtend im Blick,
vielleicht an gestern abend, wird hier oben erdrückt und verstaubt.
Seit Monaten baut sich Stein auf Stein empor, wächst der rote Riese, aber von den tausend Männern fühlt keiner
dankbar unter sich die Erde schwinden und den Himmel so nah und die Luft kristallisch reiner.
Es gibt ja doch keinen Ausweg nach oben, und am Abend muß man immer wieder hinunter in die Gassen,
und so hängen sie Tag für Tag zwischen den Gerüsten, wie vergittert und von den guten Freuden der Welt verlassen.
Einmal aber, an einem grämigen Morgen, der nicht blau werden will, kurz vor Mittagsstunde
steht plötzlich am Sägebock ein fremdes Wesen. Die Männer wittern was wie scharfe Hunde
und spüren was in der Luft, würzig, wie Wind über den Stoppeln oder über den Seen,
auch die schrillen Sägen werden mit einem Mal zart, scheinen in gefaßte Klänge zu vergehn,
und ein freudiger Hauch durchzuckt die Männer, sehn sie ein Mädchen da am Sägebock,
ein Mädchen im blauleinenen Arbeitsanzug, sägend mit festem Griff Block um Block,
und wie sie das harte Knie gegen die Bohlen stemmt und ihr mit jedem Ruck der blonde Haarschopf fliegt,
fühlen sie alle zum ersten Mal den Tag, der da hell und blank inmitten liegt.
In einer einzigen Stunde hat die junge Bessie, nur indem sie hier am Sägebock stand,
tausend Männer verwandelt. Seither arbeiten sie mit fiebriger Hand
und lauschen auf Bessies Säge, die überallhin, in alle Baracken, auf alle Gerüste dringt,
und die Jüngsten lachen dazu und mancher singt.

Dann nach Arbeitsschluß, der jetzt oft unerwartet
  schneller da ist, springen sie wie Bälle von den
  Leitern,
denn Bessie geht den Weg voran in die Gassen, die
  sich um sie wunderbar erweitern.
Die Nächte aber sind wieder warm und klingend und
  den Männern lockend hingestellt,
und keiner ist seither, der nicht am Morgen einen leisen
  Traum für sich behält.

Theodor Kramer:

Winterhafen

Moses Vogelhut den semmelblassen,
des Hausierens in den Höfen satt,
führte einst ein Rundgang aus den Gassen
bis zum Winterhafen vor die Stadt.
Mit der Flut im Schein der Uferlampe
zog ein angepflockter Kahn am Seil;
Schiffer hockten auf der kalten Rampe,
Vogelhut bot Kram und Messer feil.
  Moses Vogelhut,
  tu vom Haupt den Hut,
spät am Strand zu schlendern tut nicht gut!
Denn der Stromwind beizt Gesicht und Lunge
und die Faust ist rascher als die Zunge,
Moses Vogelhut, du alter Jud!

Moses Vogelhut, vorm Bauch den Kasten,
pflegte nun vor die Stadt zu gehn
und dem Löschen der verstauten Lasten
und dem Gang der Krane zuzusehn.
Auf die Schlepper trug er weite Hosen,
seine Börse dröhnte schlecht verwahrt:
Auf der Rampe luden ihn Matrosen
ein zum Grog und zausten ihm den Bart.

Moses Vogelhut,
wisch den Priem vom Hut,
spät am Strand zu tänzeln tut ja gut!
Denn der Stromwind beizt Gesicht und Lunge
und die Faust ist rascher als die Zunge,
Moses Vogelhut, du alter Jud!

Moses Vogelhut schritt durch die Kühle
mancher Nacht, allein mit Tau und Strand,
bis das Schaufelrad der Ufermühle
morgens stockend ihn beim Kaftan fand.
Dünner Regen sprühte durch die Rahen,
ausgeblutet lag er und verstummt,
die ihn nachts noch bei den Speichen sahen,
sagten aus: er hätte dort gesummt:
Moses Vogelhut,
halt' vom Haupt den Hut,
spät am Strand zu schlendern tut dir gut!
Denn der Stromwind beizt Gesicht und Lunge
und die Faust ist rascher als die Zunge,
Moses Vogelhut, du alter Jud!

Leo Hirsch:
Romanze vom Wedding

(Für Claire Waldoff)

Sie trug die allerschönsten Kleider auf die Glieder,
Sie trug een echten Florentiner-Hut
Und oben druff een echtes Krokodilgefieder,
Und trotzdem stand ihr irgend wat nich gut:
    Det linke Been, det mußte es bezeugen,
    Det linke Been, daß es vom Wedding stammt.
    Det linke Been, det konnte man nich leugnen,
    Det war noch nich so recht kurfürstendammt.

Sie liebte nur die allerschönsten Männer,
Die gaben ihr manchmal een schweres Geld.
Jedoch begegnet ihr so'n richtcher Kenner,
Der fand so irgend wat ihm nich gefällt:
    Det linke Been, det mußte es bezeugen,
    Det linke Been, daß es vom Wedding stammt.
    Det linke Been, det konnte man nich leugnen,
    Det war noch nich so recht kurfürstendammt.

Und eenes Tags kam ihr verzweifelt een Gedanke:
Sie amputierte sich det linke Been
Und schmiß es mitternächtlich in die Panke
Und strichte weiter auf dem rechten Been alleen.
    Doch wat det linke Been war, ließ sich nich verleugnen,
    Det linke Been, wat noch vom Wedding stammt,
    Det strichte hinter ihr, um zu bezeugen,
    Daß sie trotzdem noch nich so recht kurfürstendammt.

Wenn du sie siehst, du kannst sie von mir grüßen,
Kiek hin genau, und du wirst sehn,
Mag's regnen, hageln, schneien oder Sonne gießen,
So'n bisken hinter ihr det linke Been hergehn.

Gerhart Herrmann Mostar:

Der Tänzer auf der Antenne

Manchmal, bei Nacht, wenn die schimmernden Röhren
Voll Singen sind,
Ist da ein schleifender Schritt, den der Klang überspinnt,
Will da ein girrendes Glänzen. das draußen beginnt,
Mein Auge betören:

Draußen wiegt sich mein Draht im Wind,
Ein Seil, gespannt zwischen stählerne Spieren,
Und die Nacht ist ein Zelt und aus schäbiger Leinewand
Und dürftig mit Wolkenfetzen geflickt,

Und die Häuser stehn plump gleich dressierten Tieren,
Die Schabracken mit Mondglanzflittern bestickt,
Ihre Fenster stieren —
Und der Wind, auf verstimmten Dächerklavieren,
Aus scheppernder Ziegeltastatur
Schlägt einen Lauf — —
Und irgendwoher, mit wilder Bravour,
Schnellt schweigend und groß ein Tänzer auf...
Seine Arme sind weit wie Flügel gebreitet,
Sein Fuß übergleitet
Tastend das Seil,
Sein tierschöner Körper streckt sich steil
Im Sprung, der das Zelttuch bauschend weitet...
Sein steinaltes Komödiantengesicht
Lächelt geschminkt und verrät sich nicht,
Und der fleckige Mond ist sein speckiger Hut,
An seinem Kleide klirren die hellen
Sterne als Schellen — —

Und ich kenne ihn gut:

Auf meinem Seile, in meinem Zelt
Tanzt mit Schritten, mit schwingenden, schnellen,
Seiltänzer Welt! —

Ich weiß um den tanztollen Fuß, der oft nach mir trat,
Ich weiß um sein Lächeln, das wollte mich oft betören,
Ich weiß um sein Höhnen, wenn ich bat — —

Aber nun, im wehenden Wind,
Wiegt sich mein Draht,
Und bei Nacht, wenn die schimmernden Röhren
Voll Singen sind,
Tanzt er für mich, und ich darf seine Schritte hören,
Und bin nur ein staunendes, gläubiges Kind
Und mag ihn nicht stören...

Eberhard Kuhlmann:

Kurzer Bericht über Pypan, den Boy von Royal Pavillon

In einem Loch hat Pypan seine siebzehn Jahre verleben
                  müssen,
in einem Loch, genannt die Wohnung der Witwe Blissen.
Dort hat er unter einer trüben Funze Tag und Nacht
bei der Heimarbeit sich den Rücken krumm gemacht.
Als Pypan aber das Inserat gelesen hat, schmeißt er
                  der Alten
die Papiertüten hin. Läßt sich nicht zurückhalten,
die Verlockung hat ihn. Eoh! Ohne Ade ist er fort-
                  gerannt,
denn er hat ja nur manchmal die Alte „Mutter" genannt.
Das Inserat holte ihn wirklich nach Royal Pavillon als
                  Boy.
Er wurde gescheuert, gekämmt und rotgekleidet neu
und stand mit dreißig anderen Uniformen, alle stramm
                  und blond,
am nächsten Morgen schon zum Appell in Front.
Da war viel Neues und schrie: Augen auf! Die
                  2200 Zimmer,
die Bäder, der fountain room und was sonst noch immer!
„Natürlich überall Komfort und Geschmack", denn
                  das stand
in einem Prospekt, der hing in jedem Zimmer an der
                  Wand.
Die Gäste erkannte Pypan als das elegante Pack,
das auf den Sporttribünen stets in den vordersten
                  Reihen lag,
und auch hier benahm es sich, fand er, äußerst flegelhaft
und wälzte sich in den Sesseln ohne Saft und Kraft.
Da war auch ein Mister Tyrell, der sich gegen Pypan
                  nobel erwies,
weil er fürs Zeitungsanschleppen öfters einen Penny
                  springen ließ,
der lebte nur hinterm Daily Express, fleischig und grau

und daneben Mrs. Tyrell, sehr blond, mit Augen himmelblau.
Die spazierten unbewacht und verwirrten den Jungen,
aber Pypan konnte auch lesen und fühlte sich dann heiß durchdrungen.
Unerwartet geschah es, als er ihr die Automäntel nachbringen sollte —
im Zimmer tat sie mit dem Boy, was sie schon lange wollte,
und seither vergaß Pypan gern einmal für eine halbe Stunde
die Öde seiner siebzehn Jahre an Mrs. Tyrells Munde ...
Da merkt eines Abends der Junge, daß sich wer anderes ins Zimmer drückt,
eine rote Uniform! Pypan außen an der Tür lauscht gebückt,
springt zurück, und Freddy tritt auf den Gang schnell und erhitzt,
aber schon Pypan ihm im Nacken sitzt.
In der Kantine verkündet Freddy stolz, daß er seit acht Tagen —
worauf Pypan bestimmt: einer muß hier die Rechnung tragen.
Beim Knobeln verliert Pypan. Er drückt dem Freddy die Hand
und wünscht viel Glück und wird von Freddy ein anständiger Kerl genannt.

*

Bericht nach 24 Stunden: „Der stürzende Lift begrub unter sich
die junge Gattin des Mister Tyrell." — Doch es ist anzunehmen sicherlich,
daß Pypan, der Mrs. Tyrell nach oben fahren sollte,
den Lift über die Dächer in die Wolken jagen wollte,
durch die Wolken, vielleicht zu weiten Sternenreisen —
aber oben waren zuviel Dachgebälke und feste Eisen.

Alfred Prugel:
Hofsänger am Abend

Als die Frauen schon zum Abend rüsteten,
Die Häuserwände abstarben im letzten Licht,
die Küchen sich mit dem Geruch der Speisen brüsteten —
stand einer unten im Hofe und sang.

Sie saßen an den Tischen, schlossen die Fenster.
Niemand beugte sich hinaus, niemand gedachte
seiner beim Mahl — er streckte die Hände aus —
und sah über sich nur die ersten Sterne flimmern.

Es ging zur Nacht. Draußen die Straßenbahnen
schlugen zwischen seine Stimme ihren Lärm
und verwirrten ihn, daß er in den Schatten trat,
mit leeren Taschen und leeren Gedanken

sang er weiter, doch das Haus wuchs um ihn und ward
                                                                groß!
Die Mauern zerdrückten ihm sein trauriges Lied,
und endlich schrie ein Mann zornig hinunter, voll Haß,
bis er hinausschlich, leise — ohne Gruß, ohne Blick

die Straßen entlang ging, in denen es dämmrig roch;
er hatte keine Träne im Auge, kein böses Wort.
Dachte nur: Das Gras darf wachsen, die Steine ruhn,
allen ist Luft, allen ist Wärme gegeben.

Warum muß ich nur vor fremden Türen stehn?
Warum öffnet mir niemand sein Fenster?
Aber es gab keine Antwort — es fiel kein Wort.
Die Menschen kamen und gingen, die Autos schrien ...

Max Herrmann (Neiße):

Die Räuber

Die Nacht beginnt. Die Schwester quirlt die Suppe.
Der Mond ist tot, und günstig weht der Wind.
Aufbricht zum großen Fang die Räubertruppe;
die Mutter mahnt: „Erkält dich nicht, mein Kind!"
Schon ist ihr Wort am Jüngsten abgeglitten,
doch denkt er immer an das weiße Haar.
Stumm sind sie durch die stumme Stadt geschritten,
in einem Hausflur lehnt ein Liebespaar,
die Katze übern Weg kann Unglück bringen,
der Trunkne nicht, der mit dem Schatten spricht.
Man wird sich über eine Böschung schwingen
und fürchtet im Kanal die Ratten nicht.
Jetzt müssen wir den schmalen Schacht durchkriechen,
die Kähne schlafen über unsrer Not.
Mein Bruder träumt vom willigen Mariechen
und vom gedeckten Tisch mit Schnaps und Brot.
Der Alte wünscht, daß ohne Blutvergießen
das Wagnis glückt. Es riecht nach Lehm und Gas.
Dicht neben sich weiß man die Wellen fließen
und wittert Salzduft, Möwen, Dünengras.
Man taucht empor und steigt wie aus dem Grabe
in eines Kellers Leichenkammerpest.
Einzig Vertrautes ist die Küchenschabe,
die man, Gott zu versöhnen, leben läßt,
wie hier und dort an dem Gewölb die Spinnen.
Dann macht man übers harte Werk sich her.
Brecheisen krachen leis. Die Schläferinnen
im Hause atmen unwillkürlich schwer.
Sie träumen vom erregend kühnen Raube,
der nüchterner in ihrer Näh gelingt.
Unkenntlich jetzt in schwarzer Autohaube
der Jüngste ans Gefährt die Beute bringt.
Die Luke schließt sich wieder in der Mauer.
Trat nicht der Mond sofort an seinen Platz?

Man liegt noch eine Weile auf der Lauer,
bis ohne Fährnis man entführt den Schatz.
Nun wäre Trumpf das Fluchen einer Hure,
die Katze wünscht man wieder auf den Gang,
das Liebespaar, gottlob, lehnt noch im Flure,
der Trunkne schnarcht auf einer Uferbank.
Ein Glucksen: schwang sich Einer mit der Wunde,
der keine Hoffnung sah, in den Kanal?
Die Kähne schlafen, auch an Deck die Hunde.
Glückauf den Ratten zu dem fetten Mahl,
gefräßig mögen sie im Schacht sich tummeln.
Wir scheuen nicht mehr das Laternenlicht,
wir können durch die Nacht geruhig bummeln
und jedem Spiegel zeigen das Gesicht.
Es floß kein Blut, ganz rein ist das Gewissen,
rein war die Luft, rein ist und bleibt die Luft!
Vielleicht erlebt nach allen Düsternissen
man wirklich Möwen jetzt und Meeresduft.
Man taucht empor und steigt wie aus dem Grabe.
Man geht sehr sicher, pfiff sich gern ein Lied
und stieße auf das Pflaster mit dem Stabe
wie Einer, der als Sieger heimwärts zieht.
Fast möchten ehrlich wir von vorn beginnen
mit neuem Leben. Ob die Beute reicht?
In Pfützen kracht das Eis. Die Schläferinnen
im Hause atmen unwillkürlich leicht.
Die Mutter läßt uns ein. Zufrieden kriechen
wir unterm Vorhang in das Lampenrot.
Mein Bruder mit dem willigen Mariechen
sitzt am gedeckten Tisch bei Schnaps und Brot.
Harmlos erholt sich die Familiengruppe,
es ist vollbracht, wir werden wieder Kind.
Man löffelt friedlich seine Morgensuppe.
Und draußen weht ein töricht wilder Wind.

Heinz Zucker:
Als sich das Stadion plötzlich verdunkelte
Wieviel aufgeregte Buntheit das Oval umschloß,
Das riesig unterm Himmelsschild sich dehnte,
Als sich der weiße Strom aufs Rasenherz ergoß
Und gleich in viele Einzeltrupps zersträhnte!
Und wie die allgemeine Spannung stieg,
Als sich die Linien zum Aschenring und Schwimmbad schoben!
Die große Rhythmenwelle traf die Körper, und nach oben
Entstand bewegt des Sportfests Mosaik.

Bis hin zum Sandplatz, wo in Stahlgeräten
Die Körper pendelten aus freier Lust,
Enttrieb der Puls des Sportfests dann durch späten,
Mit breiten Spektren wandelnden August.
Der Lärm: Kampfruf -- und Gegenschrei der Mengen
Machte vor der schwarzen Abendflut nicht halt.
Scheinwerfer rissen neuen Tag mit ihren Fängen,
Verzückt gewahrte man die eigene Gewalt.

Und triumphierend stachelten die Leiber
Und alle Stimmen sich zu neuem Wettstreit an,
Und die Beleuchter hetzten, ganz wie Hundetreiber,
Den grellen Schein zum Sternenraum hinan.
Das Machtgefühl durchströmte die Gehirne,
Es straffte Muskeln und verleitete den Geist
Zum trunknen Glauben, daß der Mensch die Stirne
Gebietend den geheimen Kräften weist.

Als sich das Stadion dann jäh verdunkelte,
Weil irgendwo ein kleiner Draht zerriß,
Als der geringe Schlag das Stadion verdunkelte,
Kam ein Erschrecken auf, man stockte ungewiß.
Ein Schweigen, wie aus Blei errichtet, baute sich empor
Und faßte alles, jeder laute Mund ward stumm.
Gleich einer Muschel drängte sich der Wind ans Ohr.
Der Hauch des Unerkannten, Unbezwungenen ging um.

Alfred Wolfenstein:
Einen Griff verfehlt

Als der Zug der Untergrundbahn mit seinem leisen gefährlichen Ruck anzog,
Stand der junge Schaffner des Führerwagens noch draußen auf dem Bahnsteig,
Gemächlich ließ er die Tür des rollenden Wagens auf sich zukommen,
Dann faßte er nach dem Griff, um sich hineinzuschwingen...
Aber es lag an einer Kleinigkeit, es geschah um einen Sekundenteil zu spät, um einen Millimeter zu kurz, um ein Muskelatom zu schwach,
Und er verfehlte die messingene Klammer.
Ganz blaß stand er auf dem Bahnsteig, aus dem Tunnel winkte das rote Licht zurück,
Mit verlegenem Lächeln schielte er umher, doch die Beamten traten unbefangen hinter ihre dienstlichen Wände, das Publikum wartete auf den nächsten Zug, während der vorige nun ohne Begleitung dahinbrauste.
Um ihn einzuholen — machte er zuerst einige unscheinbare Schritte,
Lief dann die Treppe hinauf, nahm immer mehr Stufen in einem Satz,
Oben stieg er durch den Knäuel von Menschen und Wagen hindurch in eine Autodroschke:
Rasch zur übernächsten Untergrundstation! Aber das Ampellicht ging auf Rot.
In ohnmächtiger Anspannung schnellte er sich auf den Polstern vor. Das Auto stand und verlor die entscheidenden Sekunden.
Als er endlich fuhr, als er endlich ankam, hörte er unten zwei Züge abrollen, und einer war der seine.
Weiter zum nächsten Bahnhof, er muß in sein Amt, an seinen Platz, wieder hinab an seine Beobachterscheibe!

Ihm war, als hätte ihn die Erde abgeschleudert, einen zuverlässigen Beamten, in die leere Luft, oben hin, ins sonnenhelle Gewimmel der Straßen, da saß er wie im Wahnsinn im Auto,

Statt im elektrischen Dienst seines Triebwagens nur auf die menschenlose Strecke der Unterwelt zu schauen und regelmäßig auszusteigen, einzusteigen —

Und plötzlich im Rattern des Autos wirbelten seine Gedanken um einen älteren Herrn, der am Eingang des Abteils gestanden hatte,

Wütend erinnerte er sich, wie dieser Herr die Tür vor ihm zuschob — der war schuld — den würde er hoffentlich noch im Wagen erreichen —!

Doch bei der neuen Station rollten schon wieder die Züge ab — wieder zu spät! — er schrie den Fahrer an, er versprach ihm eine Belohnung,

Und während es zugleich durch sein Bewußtsein jagte, daß er nicht einmal das Fahrgeld bei sich trug,

Zuckten hundert rote Ampeln hemmend auf, die Wagen aus allen Nebenstraßen stellten sich quer, Verkehrspolizistenarme drehten sich wie lange Stangen dicht vor dem Kühler, den Damm verstopfte das Menschengewühl über dem leeren, leis heraufdonnernden Untergrund —

Dann war wieder eine Station da, und noch ehe das Auto hielt, sprang er mit riesigem Sprung hinaus und hörte auf der Treppe den Zug gerade heranrollen —

Aber der Chauffeur, nach seinem Fahrgeld schreiend, holte ihn ein und umklammerte ihn auf den obersten Stufen,

Der Schaffner riß sich los, wurde von neuem gepackt und festgehalten, hörte verzweifelt die lauten vorschriftsmäßigen Rufe auf dem Bahnsteig drunten —

Hörte den Zug wieder abgehen und riß sich los, zu spät, brüllte: Entlassen! und rannte zu der Autodroschke auf der Straße zurück.

Er warf sich ans Steuer, während der Chauffeur herankeuchte, ließ den Motor an und fuhr ab, in der Richtung des allerletzten Bahnhofs —

Doch schon an der nächsten Ecke geriet er ins Schleudern, stieß mit aller Kraft an die Plakatsäule und lag sterbend in dem zusammengebrochenen Wagen.

Nikolai Michelsohn:
New York

Die Türme tasten in Wolken schon,
Mauernfluchten aus Stahl und Beton,
der Fensteraugen dreistes Geglüh.
In Riffe hämmert sich das Gesprüh
von Männerschweiß und Dynamit,
harsch lächelnd zücken wir das Niet.
Zwei Stollen höhlte Künstlerfleiß,
wir jagen ein Zwillingsgleis
durch des Erdschachts Doppelkreis.

Basaltdreiecke, Marmorrauten —
wir zauberten die höchsten Bauten.
Formtrieb, der nächtig gährt in Qualen,
wird Wirbelrausch von Granitovalen.
Die Träume der Bibelväter in Ur,
die Schwüre der Turmgenossen zu Babel —
wir messen sie mit der Schnur,
wir knoteten sie mit dem Kabel.

Antennengärten schoben eine Zucht
Drahtbäume vor die Inselbucht.
Die Bojen klagen vor Felsenzacken,
Gigantenkräne recken die Nacken.

Flugzeuge säen unsre Namen
mit Silberschrift in den Azur.
Ringe von Schiffsfassaden rahmen
Flut und Ebbe ein.

Aus Licht und Stein, du Riesenmärchenstadt,
die unsre Sehnsucht gemeißelt hat:
ihr, Viadukte, Brücken, Schienen!
ihr Sonnen im rasenden Umlauf: Turbinen!

Graham Eisfisch-Worbelicht:
Die Läden New Yorks

Nicht der einzelne Shop,
Nicht der einzelne Shop,
Nicht das einzelne, verhärmte
Kleine scheibenblinde Geschäft in der Arbeiterstadt,
Nicht der lichtfrohe
Prunkladen unserer City allein,
Nein,
Die Vielfalt,
Das Übermaß,
Der Chor, der gewaltige Chor lächelnder Scheiben ist's,
Der mich trunken macht.

Die Augen der Häuser,
Die Blicke der Scheiben
Sind doch, verdamm mich Gott, das Herrlichste in
dieser Gegend.
New York, verflixtes Girl, Du wärst
Doch ziemlich ekelhaft,
Wenn Du nicht derart viele
Verzückte Strahlenaugen hättest,
Die Augen der Shops,
Die staunenden, lachenden,
Unklugen, werbenden
Augen der Shops.
Frag doch mal Jim, der weiß es auch.
Frag doch mal Arthur, der weiß es auch.
Auch Timothy denkt ebenso,
Obwohl er ein Mestize ist.

Selbst unser Präsident kann gar nichts andres denken
Von den geliebten Shops.
Läute mal Herman an,
Läute mal Bobby an
In seinem Fußballklub!
Er sagt's Dir durch die Strippe,
Er sagt's auch drahtlos (wenn Du ihm bezahlst):
Ich bin zwar Sportsman,
Aber ich finde die Shops
Ganz wundervoll, auf Ehre.
Die Shops sind als Gesamtheit einfach Klasse,
So gut wie Erdbeer-Mandelmilch sind diese
Shops,
Shops, Shops, Shops, Shops.

— zwar:
Nicht der einzelne Shop,
Nicht der einzelne (verstehst Du auch? — —
Sonst müßte ich Dich leider in die Seite puffen)
Der einzelne Shop ist mir nichts.
Aber alle,
Aber alle,
Damit ist nichts vergleichbar,
Damit kommt einfach überhaupt nichts mit.

Leo Hirsch:

London

Du bist an die Themse gegangen. Das Wasser floß wie
Blei,
Verrußte Schiffe fuhren mit schwarzen Rauchfahnen
vorbei.
Zerlumpte, spuckende Männer standen, schweigende
Riesen, am Kai.

Du bist Untergrundbahn gefahren im siebenstöckigen
Schacht.
Der Fahrstuhl hat Menschen gespien und gehetzt und
tief in die Tiefe gebracht.

Sie drückten sich müde zusammen, und nie hat einer
gelacht.

Du gingst durch den grünen Rasen im Hyde-Park und
hast gehört,
wie immer ein anderer Redner anders das Elend der
Menschen erklärt
und wie jeder seine Parteireligion anpreist und Abhilfe
schwört.

Du standst vor dem Buckingham-Palast in der Menge.
Der König war krank.
Die Wache trug Pickelhauben. Die Trommeln dämpften
den Klang.
Und der Regen verregnete alles in Grau, und die Kerls
waren zwei Meter lang.

Die Tower-Brücke hing in den Nebel so düster verträumt hinein,
und die Türme von Westminster sanken hinab in den
Nebelschein
Und innen schliefen die größten Toten der Welt. Gebein
an Gebein.

Des Abends noch zog man am Grabe des Unbekannten
Soldaten den Hut.
Im Licht ertrank in Piccadilly die Smokingmännerflut,
doch die Häuser der Kolonien in Whitehall waren
dunkel, steinern und gut.

Du hast in Mayfair Paläste gesehen, in Whitechapel
Hütten so arm,
und Menschen so reich, und Menschen soviel und so
elend, daß Gott erbarm.
Und wanderst du Jahre durch diese Stadt und wanderst
und hast kein Geld,
dann findest du Gott in London nicht schlechter noch
besser als sonst in der Welt.

Hans Reiser:
Paris

Es ist nur, weil mich eine Traurigkeit
so quält,
der Regen fällt
aus grauem Dunst in graue Zeit.

Wie trüb das Gaslicht den Asphalt erhellt —
die Bettler auf dem Boulevard
und die geschminkten Leichen auf dem Trottoir,
sie denken nur an Geld.

Gewiß bin ich ein Kind der Zeit,
nichts das mich lang gefangen hält,
und doch ist eines wahr:
wenn mich ein Weib, ein Herz nicht hält,
dann hält mich die Spelunke und die Bar,
ich fall und fall und lande auf dem Trottoir
und fall so tief wie nur ein Toter fällt.

Rudolf Leonhard:
Place Dauphine

In wunderbarer Schiefe
wächst sich zum Platz die Straße aus
bis zu dem Strich der Abendtiefe,
dort breitet sich das graue Haus

und liegt und lauert, ob es schliefe,
bis es der kleine Mond erweckt,
daß es von Tau, Trank, Tränen triefe;

und zierlich springt nun, leicht geeckt,
die weiße Treppe hoch und bleckt.

Als ob von drinnen eine riefe,
steht einer draußen, glückserschreckt,
und staunt, und wartet, daß das Licht verliefe.

Sonka:

In Wien

Und wenn ich sachlich überlege,
Ist nämlich lausig mein Gewand,
Ich bin ganz gründlich auf dem Wege
Zum Absoluten abgebrannt.

Balanz und Rhythmus meiner Hosen
Entsprechen meinem Gleichgewicht,
Im Ring der Obdach-Namenlosen
Goutiert man Glanz und Haltung nicht.

Natur enthüllt sich in den Gesten,
Weil man Erziehung leicht vergißt,
Ich lebe schlecht, von solchen Resten,
Die ein Gourmet nicht gerne frißt.

Der Mensch ist weder gut noch böse,
Nur hungrig oder satt gesinnt:
O Bürger, göttliche Synthese
Des Daseins, die der Wanst gewinnt.

Doch auch der Mob, der ihm verhaßte,
Versagt mir Fremdling das Vertraun,
Denn ein Bewußtsein seiner Kaste
Hat selbst der Stromer in den Aun.

Wenn ich mich klar zusammenfasse,
Bin einsam ich wie ein Genie,
Ein Ribellante meiner Rasse
Und Deserteur der Bourgeoisie.

Ein Sonnenbruder aller Brüder,
Bin ich ein klassenloser Geist
Und weltverkommen und entgleist
Und Sonka, Dichter vieler Lieder.

Max Herrmann (Neiße):

Breslauer Winternacht

Nachts kriecht die Kälte aus dem Odereise
und färbt den Mann der Würstchenbude blau.
Um den Matthiasplatz in irrem Kreise
trabt wahngetrieben eine Zeitungsfrau.
Im Torweg Liebespaare stumm erstarrten
zu gotisch keuschen Statuen von Stein.
Den Grogerhitzten, die sich gröhlend narrten,
gefrieren ihre heisren Stimmen ein.
Das Droschkenpferd und hinter ihm der Wagen,
sie schleppen sich als bald Gelähmte fort.
Und ein Student mit hochgeschlagnem Kragen
verlor die Würde und das Ehrenwort
und sehnt sich nur noch nach der warmen Klause.
So leer wie jetzt war nie der Straßenschacht.
Verdächtge lauern heut an keinem Hause,
auch Tiere bargen sich vor dieser Nacht.
Ins Nichts des Himmels treibt bedrohlich düster
durchs Wolkeneis ein Totenschiff: der Dom.
Und fluchend mit den Schollen wirft als wüster,
heilloser Trunkenbold der Oderstrom.

Robert Seitz:

Städte ...

I. Amsterdamer Judenmarkt

Man hat das Ärmste freundlich ausgelegt,
Verbogenen Hausrat und zerbrochene Uhr,
Aus Kellern und aus Grachten aufgefischt —
Das liegt nun da mit der Verwesung Spur
Und blickt dich an, wie Fische unbewegt.
Im blinden Spiegel stehst du ganz verwischt.

II. Danziger Kirche
Nun bleibt um Sankt Marien das schwere, süße
Das große, dunkle, tiefe Abendsagen,
Hineingeruht in unseren raschen Tag.
Gott nahm das wirre Schreiten unserer Füße
Und bat um Einkehr. Und emporgetragen
Erfuhren wir sein Herz, das lächelnd lag.

III. Prager Gasse
Diese Gasse, die nicht weiter reicht
Als ein Wasserwurf aus grauer Kanne,
Steht geöffnet in dem weißen Banne
Eines Mondes, der sich magisch neigt,
Plötzlich auf — und wie ein Meer vielleicht
Überstürzt sie jede enge Spanne.

George A. Goldschlag:

Hamburg

Ich bin die Stadt. Ich bin aus Stein lebendig
Wie ihr aus Fleisch und wie der Baum aus Holz.
Ich aber wuchs aus meiner Form unbändig,
Ich wurde eigenwillig, eigenhändig,
Mich wie ein Weichtier wandelnd, unbeständig
Und mit der Willkür eines Trunkenbolds.
Bald flocht ich, auf gehäuften Reichtum stolz,
Durch meine breite Straßenflucht inwendig
Die Politur des Glases und des Golds.
Bald zog ich arm und bettelhaft zerfetzt
Des Nebels Mantel fröstelnd um die Fronten,
Die ihren Mörtel nicht mehr halten konnten,
Von allem Schmutz der Schmutzigen benetzt
Und wie von fremden, kalten Horizonten
Aus Not und aus Verlegenheit zuletzt
Auf dieses Hafens schlechten, unbesonnten
Abhub und Kehricht aus dem Weg gesetzt.

Für viele Fremde bin ich nur der Markt.
Kaum einer achtet, ob ich ihm gefalle,
Und für die Hastigen, Gehetzten alle
Bin ich notdürftig nur und abgekargt
Ein Hafenkai und eine Bahnhofshalle,
Und sie verweilen, wie ein Auto parkt.

Noch andere kommen, um mich zu beäugen.
Sie möchten sich von meiner Gegenwart
Mit ihren eigenen Augen überzeugen,
Und das Geringste bleibt mir nicht erspart.
Sie buchen als gewissenhafte Bucher
Kunsthalle, Uhlenhorst und Hafenfahrt,
Wo Lessing schrieb, wo Brahms geboren ward,
Sie treiben mit der Zahl der Stunden Wucher,
Sie stöbern durch die Steine, Stück für Stück,
Und lassen mich so ausgeleert zurück
Wie ein Museum hinter dem Besucher.

Joachim Ringelnatz:

Berlin

(An den Kanälen)

Auf den Bänken
An den Kanälen
Sitzen die Menschen,
Die sich verquälen.

Sausende Lichter,
Tausend Gesichter
Blitzen vorbei: Berlin.
Übers Gewässer
Nebelt Benzin...
Drunten wär's besser.

Hinter der Brücke
Flog eine Mücke
Ins Nasenloch.
Loch meiner Nase,
Nasenloch, niese doch
In die stille Straße!

Auf dem Omnibus, im Dach
Rütteln meine Knochen,
Werden gute Worte wach,
Bleiben ungesprochen. — —

Ach, da fällt mir die alte Zeitungsfrau ein —
Vanblix oder Blax soll sie heißen —
Die hat ein so seltsames Schütteln am Bein,
Daß alle Hunde sie beißen. — —

An den Kanälen
Auf den dunklen Bänken
Sitzen die Menschen, die
Sich morgens ertränken.

Fritz Droop:

Auf der Neckarbrücke in Mannheim

Der Arbeit Barometer steigt und steigt;
Der Kampf ums Dasein fiebert durch die Stunden...
Nur wenn der Schutzmann seine Hand hebt, schweigt
des Lebens rascher Pulsschlag für Sekunden...

Ein Engpaß, eine Gasse durch den Tag,
den nimmermüden, der die Ruhe flieht...
Ein Dampfer, der hier atemholend lag,
stößt eben in den Rhein, der meerwärts zieht.

Siehst du den Bettler, der am Pfeiler ruht?
Dieweil er mit den Händen, leidverkrampft,
ins volle Gold der Abendsonne greift,
wirft eines armen Kindes Mitleid ihm
ein Kupferstück in seinen alten Hut...

Rudolf Leonhard:
Marseiller Romanze

Der Mann, der unter dem Fenster steht
auf dem Cours Belsunce in Marseille,
hat das Weiße der Augen nach oben gedreht,
der Rock ist rund um ihn aufgebläht,
den Hut hat der Wind längst weggeweht
auf dem Cours Belsunce in Marseille.

Das Mädchen, das aus dem Fenster sieht
auf den Cours Belsunce in Marseille,
summt zwischen den Zähnen ein spanisches Lied,
zwischen Zähnen, in die sie die Lippen zieht,
und sieht, wie das Licht über Straßen flieht
auf dem Cours Belsunce in Marseille.

Auf Stöckelschuhen klappern vorbei
auf dem Cours Belsunce in Marseille
zwei Chinesinnen, da greifen schon zwei
Norweger nach ihnen mit Händen wie Blei,
die eine macht einen kleinen Schrei
auf dem Cours Belsunce in Marseille.

Platanen dämmern. Ein Säufer lacht
auf dem Cours Belsunce in Marseille,
viel Schweigende wandern, um die ist Nacht,
die haben geweint, geträumt, gedacht,
Füße scharren, ein Armgelenk kracht
auf dem Cours Belsunce in Marseille.

Laternen wachsen in Garben Lichts
auf dem Cours Belsunce in Marseille.
Aus Gassen wühlt sich's, aus Kellern bricht's,
der Schrei der Gier, der Fluch des Gerichts,
und wallt umher, und geschieht doch nichts
auf dem Cours Belsunce in Marseille.

Eine Stimme röchelt „Du!" oder „You!"
auf dem Cours Belsunce in Marseille.
Der Mann hört nicht, steht in tödlicher Ruh,
er krümmt sich zusammen, ihn drückt der Schuh,
das Fenster ist leer, das Fenster ging zu
überm Cours Belsunce in Marseille.

Es weht ein Wind und das Leben entflieht
auf dem Cours Belsunce in Marseille,
der Mann, der auf zu dem Fenster sieht,
weiß, daß Mord oder Liebe geschieht,
steht, starrt, und weiß nicht, wie ihm geschieht
auf dem Cours Belsunce in Marseille.

Michael Gorlin:
Die Stadt der Nina Alexandrowna

Ihre Stadt, Nina Alexandrowna, ist froh und spaßig.
Es gehen dort Leute nicht einfach, sondern im Hüpfen.
Vom Turm zu Turm sind Seile gezogen,
Und auf ihnen tanzen im Mittag Löwen und Bären.
Alles in Ihrer Stadt ist bunt und lustig.
Die Häuser sind bemalt, wie Ostereier.
Flugzeuge führen im Himmel das Flugzeugballett auf.
Selbst nachts schlagen Menschen und Tiere Purzelbäume,
Damit nicht für eine Sekunde der Trubel schwinde.
Nur manchmal ziehn über der Stadt grau die Wolken
Und auf die Gesichter der Tanzenden fallen Schatten,
Als ob sie alles zu geben bereit sind für einen ganz
schlichten Morgen
Und für wenige Worte, schlicht wie Himmel und Brot.

Paul Zech:

Da strömen wir ein zu den südlichen Meeren ...

In dem Gewirr von Kabel, Schalter und Riemengängen,
umgröhlt von den Quinten gelockerter Pole —:
manchmal bleiben meine Augen an Menschlichem
hängen,
und es spritzt auf den Stein der Saft der Phiole.

So mütterlich, Frau, sind mir noch nie erschienen
deine Hände, die zärtlichen Tauben.
Wenn sie im glasigen Dämmer den Hebel bedienen,
und sich tief in das Räderwerk schrauben:

Ich fühle die Pulse des Herzens aus allen Poren
um diese eine Erscheinung sich drängen.
Ich habe noch nie mich so tief an ein Wunder verloren,
ich taumle vorüber an sphärischen Klängen.

Von den Wänden schrill zischen die Notalarme,
in deinen Augen die Sterne gefrieren
zu tödlicher Schnee-Nacht. Wir tragen im Schwarme
die Masken von abgetriebenen Tieren.

Wir gehen da draußen im Donner der Bahnen,
im harten Gedränge der Massen
einander vorüber ... Wir dürfen uns immer nur ahnen
und sind im Zuhause so leer und verlassen.

Wann endlich wird uns die Stunde gegeben,
in der Oase des Waldes, auf Wiesen und Flüssen,
wo wir das bitterzerfaserte Leben
in den Staub unter uns stampfen und tierhaft uns
küssen?

Aus dem Dumpfen der schwarzen Kasernen,
wann strömen wir ein zu den südlichen Meeren?

wenn sie uns glückt, die eine heilige Nacht unter den
                                                Sternen,
die letzte Umarmung —: wir werden nicht wiederkehren.

Wir sind ja so jung noch unter den Falten
der Sorgenjahre geblieben,
und haben im Blut die Gewalten behalten
uns bis in den Zerfall aller Zeit noch zu lieben.

O du da im glasigen Dämmer der Riemengänge,
du blutdunkler Mohn im Geröll grauer Mauern:
ich fühle hinter dem Gittergestänge
durch das Blut schon Verwandlungen schauern.

Ich warte den Abend lang draußen im Regen
und warte, daß deine Augen mich endlich finden.
Und da kommst du mir lächelnd auch schon entgegen
und die Welt sieht uns groß an aus dem blinden

Zerfall aller Straßen im Nebelgelände.
Ich bette mich tief in das sanfte Sorgen-
gefühl deiner Hände.
Und bin endlich geborgen ...

Max Herrmann (Neiße):

Bahnhof Zoo — Tiergarten

Beim Bahnhof Zoo die vielen Omnibusse
nach Nedlitz, Cladow, Pichelsdorf, Schildhorn.
Man kippt am Straßenschank noch einen Korn,
trifft an der Uhr sich mit vergnügtem Kusse.
Nervöse auf die Unpünktlichen warten.
Es klettern seidene Beine aufs Verdeck.
Im frischen Frühlingsstaat spreizt sich ein Geck.
Zaungäste spähn vom Tor aus in den Garten

auf Strauße, Wärter und den Elefanten,
auf die Szenerie zur nächsten Völkerschau.
Auch lungert um den neuen Kuppelbau
des Planetariums eine Schar von Tanten,
die sich zuletzt doch nicht hineingetrauen:
„Das schöne Wetter! Und man will Entree!
Ich setz mich lieber an den Neuen See,
das Treiben auf dem Wasser anzuschauen."
Die Reiter geben sich als unbefangen:
sie plaudern laut, als höre niemand zu.
Am Kinderspielplatz lärmt man Blindekuh,
die Stirn des Denkers trifft der Ball der Rangen.
Mit Butterbrotpapier und Monatsbinden
harmlos die Ente im Kanale schwimmt.
Die Alte, die sich lasterhaft benimmt,
wird trotzdem kaum den rechten Partner finden.
Die Heilsarmee dreht ihre Werbeleier
und macht den richtigen Bettlern Konkurrenz.
Zylinderhüte ziehn zur Stadionfeier.

Der Sommer, günstgen Falls, gleicht jetzt dem Lenz.

Werner Bergengruen:

Das Warenhaus

Rasiert, hellbraun montiert, betreßt und goldbeknöpft,
— sonst nichts, — steht der Portier auf seiner Stelle.
Du ahnst, woraus er seine Größe schöpft:
er hütet stumm der ganzen Schöpfung Schwelle.

Sibirien! China! Sachsen und Peru —
Meer! Atelier! Fabrik und Tropenwelt!
Er weiß: was sie nur liefern, findest du
hier alles, alles, alles aufgestellt!

Hier duften Seifen, blitzen Necessaire,
Prachtbände funkeln golden und verblassen,
Korbmöbel stell'n sich drohend in die Quere
und kränken dich, bevor sie dich entlassen.

Knallrot der Mund und zauberklein der Fuß —
wächserne Damen tanzen, gehn und fächeln
und präsentieren Kleider und Dessous
starr mit gespenstisch eingefrornem Lächeln.

Du stehst geknickt vor ausgestopften Affen,
Leihbüchereien, Damengarderoben,
Sporthemden, Fleischkonserven, Kinderwaffen,
Teeräumen, erste Treppe links nach oben...

Blitzblanke Syphons harren hellen Bieres,
Sparherde... du erschrickst: Musik und Krach!
(Ein Fräulein weist die Güte des Klavieres
an Hand der Fledermaus dem Volke nach.)

Die Menge drängt dich surrend in die Weite,
zwölf Grammophone haben dich zum besten.
Du gehst — halb aus Versehn — nur einen Schritt zur
                                                               Seite
und stürzest jäh ins Reich der Sommerwesten.

Du merkst: das Chaos alles Existenten,
hier ist's zum Kosmos weisheitsvoll gebändigt,
und jeder Teil der Welt wird dem solventen
Mitbürger gegen Kasse ausgehändigt.

Die Rechnung stimmt, hier bringt kein Gott Errettung,
du stehst erblaßt, bewältigt und verdöst
und siehst der Schöpfung brausende Verkettung,
die ganze Welt in Waren aufgelöst.

Und diesem Kosmos hebst du an zu fluchen,
indes der Strom dich flutend weiterschiebt,

und voll Verzweiflung fängst du an zu suchen
nach irgendetwas, das es hier „nicht gibt".

Umsonst. Und durch dein fieberwirres Fragen
versickert's dumpf: Geist... ideeller Wert...
Dann wankst du fort, verwelkt, zermürbt, zerschlagen,
und bist zum Glauben des Portiers bekehrt.

Erich Kästner:

Berlin im Regen

Ziehen Sie die ältesten Schuhe an,
die vergessen in der Ecke stehen!
Denn Sie sollten wirklich dann und wann,
falls es regnet, durch die Straßen gehen.

Sicher werden Sie ein bißchen frieren.
Und die Straßen werden trostlos sein.
Aber trotzdem: gehn Sie nur spazieren!
Und vor allem: gehen Sie allein!

Warten Sie ein wenig vor dem Hause.
Mustern Sie den Himmel. Er ist kahl.
Und es regnet wie aus einer Brause.
Und das Pflaster glänzt wie blauer Stahl.

Abends tropfen hunderttausend Lichter
zischend auf den glitschigen Asphalt.
Und die Pfützen haben fast Gesichter.
Und die Regenschirme sind ein Wald.

Torkelnd rennt der Südwind gegen Bäume.
Was tun Bäume auf dem Tauentzien?
Ist es nicht, als liefen Sie durch Träume?
Und Sie laufen doch nur durch Berlin.

Zeitungshändler fluchen auf das Wetter,
weil sie, wenn es regnet, kein Mensch sieht.
Und der Regen tropft auf ihre Blätter
und auf das, was Schwarz und Weiß geschieht.

Dunkle Wolkendamen gehn mit ihren
Schwiegermüttern auf den Himmelsstrich.
Aber trotzdem: gehn Sie nur spazieren!
Regenwetter ist ein Ding für sich.

Langsam dringt das Wasser durch die Sohlen.
Nun wird's Zeit. Nun eilen Sie nach Haus,
kurz bevor Sie sich den Schnupfen holen!
Tja, und ziehn Sie rasch die Schuhe aus!

Alfred Richard Meyer:

Kartoffelpufferstube

Wie hellster Sommerhimmel glüht weiß die elektrische
         Platte.
Darauf dampft aus dem Blechkanister Olio Sasso her-
         nieder.
Piff, paff, puff — wo kommt der Mond her? In silberner
         Satte
Verkrustet er Täler und Berge. Da sind die ollen Krater
         ja wieder:
Archimedes, Kopernikus, Tycho, Clavius, Curtius aus-
         gebrannt,
Erstarrte Lava, Hochspitzen, Kessel, Kuppen und
         Rillen.
Prutzelnden Sphärensanges prescht schon der Erden-
         trabant
Auf mich los. Phosphoreszierender lösen sich Miezes
         Pupillen,

Sind in das saftige Bluten von Preißelbeeren eskamotiert.
Und nur der Zweifel irritiert mich noch: Doornkaat
                       oder 'ne Strippe?
Wie mich da plötzlich der Brathering neugierig groß
                       anstiert!
Worauf ich, schwer jenen enttäuschend, Melde-Korn
                       kippe.

Gerhart Herrmann Mostar:

Straßen ins Feld

Letzte Straßen tasten sich ins Feld,
Müde Straßen, die nach Hause gehen — —
Du und ich
Haben ihren weiten Weg gesehen:
Kotbespritzt, sirenenübergellt,
Blind von Rauch, verirrt im Dunst der Zechen,
Daß der arme Atem röchelnd pfiff.
Daß die Hand mit trüben Schattenflächen
An die feuchten Häuserwände griff,
Eine Glocke starb zerlärmt im Hämmern
Der Maschinen, kalt gleichgültig, tief —
Und die müde Straße lief und lief,
Lief gehetzt in Feld und Abenddämmern...

Schmiegt sich schüchtern, schmal dem guten Zaun,
Der sie sorgsam durch die Gärten leitet,
Grauer Staub ward weich, ward sattes Braun,
Weiche Matte ist dem Fuß gebreitet,
Alles Dröhnen ist ein fernes Singen,
Alle Schreie betten sich, verwehn —
Letzte Straßen, die nach Hause gingen.
Du und ich
Haben ihren weiten Weg gesehn.

Du und ich. Und sind ihn mitgeschritten.
Sinn ihm nach! In meine Hände leg
Deine Stirn. Sie schmerzt. Sie hat durchlitten
Einer guten Liebe bösen Weg.
Sinn ihm nach ... so wirr er stieg und fiel:
Suchten doch und fanden doch und sehen
Eines bösen Weges gutes Ziel!

Letzte Straßen, die nach Hause gehen ...

Karl Vaupel:
In der Laubenkolonie

Wird der Donner weicher als die Luft,
fällt der Regen ganz für sich allein,
durch die fliegenden Geschosse Tropfen
treten große, bunte Kühe ein.

Ja, das Grün im Aug' wird heller,
kleine Bäume fangen an zu schnein,
selbst der Fuß des Berges wandert schneller,
und man legt sich dunkel hin zu Zwein.

Malt den Früchten nach, nickt scheu den Tieren,
die am Grund des Himmels ruhig blühn,
bald wie Inseln, die sich im Azur verlieren,
bald wie drohende Gewitter stehn.

Immer näher fassen sich im Garten
Blumen feucht mit schimmernden Gelenken,
wenn sie leise durch das Dickicht denken,
und dann schwanken diese Blinden, Zarten.

Schwanken mit dem Vogel, dreht er seine
Augen sanft durch's lampenhaft Geläute.
Aufruhr einer kleinen Hand weckt meine,
denn er hält mit einem Fuß die schwere Beute

zierlich, daß wir namenlos erschrecken:
Aus dem Grün, darin sich Grüneres will strecken,
flammt das rote Herz des Baums, und Flammen
ziehn in dem dunklen Blühen wunderbar zusammen.

Georg Seidler:
Schrebergärten

Rundsägen kreischen. Hinter Planken
schüttet man Sand durch Siebe, mischt Mörtel,
hebt auf Tragen Stein um Stein,
steigt schwer durch Eisengestänge.
Man steht in Gärten voll stählerner Stauden
auf grellen Mauerhälften, backt Lehm mit Kellen,
schichtet den Turm der Zwietracht hoch.
Wehmütig welk hängt oben der Grabkranz
mit Inschrift: Zwangsarbeit.

Noch ist Feld mit wehenden Halmen nah,
dürftigen Ähren, soviel der geschändete Boden gibt.
Müd haun Schnitter hinfällige Flut.
Lahme Binderinnen muntert in Pausen
der klingende Wetzstein auf. Süß einschläfernd
liegt über allem Geruch von Leuchtgas.

Drosselbrut schreit über nahrhaftem Schutt.
Hier werdet ihr nicht lieben, jagen und eierlegen.
Das Land ist zu verkaufen.
Die Bäume werden fallen.
Im Kirchturm könnt ihr Nester baun
oder am Schornstein piepsende Schnäbel stopfen.

Dann stinkt der große Friedhof noch weiterher.
Schon riechen die Kartoffeln im Topf.
Allzu menschlich schmeckt der Kupferkohl.
Bald sinkt der Phlox, der üppig wuchernd

sich verwegen reckt. Die leuchtende Kresse verglüht.
Sandfarbene Kapseln treiben im Wind
und werden sich hüten zu keimen.

Tapferes Berlin! In deinen Häusern
ächzt das kranke Recht. Brücken
übers tote Wasser bricht Dummheit ab.
Leuchttürme, die an nächtlichen Wegen stehn,
wanken vor anstürmender Finsternis,
bis sie in Fugen reißen,
zerschmettern im Sturz die Stuben.

Da baut man Wände zwischen Herzen,
gibt Backpfeifen für Liebesmüh. Feiert
in schrecklichen Nächten den Sieg der Gier.
Die Ohren dröhnen. Herzen poltern
durch wachsenden Irrsinn, bis wütend
ein junger Wahn mit glühenden Zungen leckt,
geschmolzene Worte von kohligen Lippen tropfen,
sich fressen ins Fleisch und drin erstarren.
Mattglasige Augen aus fahlen Gesichtern springen
wild aus geöffnetem Käfig zu neuem Entsetzen.

Das tobt in gestampfter Straßen bunten Reihen,
stumm, kinderlos; Aas und Gas
dulden kein Blättchen, kein heiteres Lachen.
Die Helle schreit nach Spiel, Gegacker und Hundegebell,
daß sich die Grabesruh unter sausenden Wagen
hochwirft im Traum. Du gibst ein Feuer ab,
den Sternen sichtbar.

Wenn Unkraut über dem Rest zusammenschlägt,
die Knochen, die darunter sich krümmten und ver-
gnügten,
nicht mehr stöhnen, der Sonne Glutball
über Wüsten kreist, dann
liebe Seelen feiert Auferstehung
Kinder und Blumen, sorglose Geschöpfe!

Alfred Werner:

Bericht aus der Vorstadt

Die Kleinsten: rotznäsige Kirchenengel,
als wären sie just aus dem Ei geschlüpft.
Sie tappen auf jeden Sonnenkrengel,
der über die tannene Schwelle hüpft.
(Die Sorte gibt prächtige Ladenschwengel.)

Die älter sind, lauschen dem Straßensänger
und kaufen sich sonntäglich Klötzenbrot;
nachahmen tolldreist den Stelzengänger
(die wissen sehr deutlich um Tod und Not
und schnüren sich brummig den Riemen enger.)

Die Fünfzehnjährigen wollen verduften
nach Amerika: wie liegt das nur weit!
Man fängt sie bald. Und sie müssen schuften
lang vor der Zeit...!

Arnold Krieger:

Neubau

Über abgeteuften Sicherschächten
Bockgerüste pulvernd hochbemannt,
Schlackenziegelfahrt auf zunftgerechten
Rollgestängen himmelwärts gespannt.
Lärchne Balkenköpfe eingemauert,
Zwischenhölzer musklig ausgestakt.
Die ihr oben schwitzend gassenhauert,
standhaft in den Stundenwuchs verhakt,
fühlt ihr, was aus Stoff und Stirn sich gründet,
was dort unter euern Schwielen reift?
Wie im Werk sich streng Besitz ankündet
und sich am Unendlichen vergreift?

Freie Luft zu zirken und verräumen,
wächst du Haus von künstlichem Gestein.
Liebende, bepackt mit blauen Träumen,
sehnen heimhold sich in dich hinein.
Wo jetzt Kalklatwergen seiger rinnseln,
nehmen fürder Möbel ehrbar Platz.
Unter Sofas wird es rührig winseln,
auf den Treppen züngeln kregler Schwatz.
Rohre werden rauschend Becken spülen,
Trichter paffen Wolken von Musik,
Söhne sich empört den Hintern kühlen,
Windelhaufen tönen mit Gequiek.
Mädchen werden heimlich Mull verbrennen,
Zank wird um geschrammte Politur
Aftermieterinnen feindlich trennen. —
Und wie bald wird durch verstopften Flur
sich ein erster Sarg ins Freie zwängen.
Armes Haus, wieviel du tragen wirst!
Menschenherzen werden dich bedrängen
fülleweh vom Keller bis zum First.

Einmal aber wird der Tag erscheinen,
da man mürrisch dich zu Boden reißt.
Vielleicht wird dann mein Enkelsenkel um dich weinen,
wenn ich flüchtig aufersteh in seinem Geist.

Jakob Haringer:
Volkslied

Auf dem Rummelplatz, da hab ich sie gefunden,
Unterm Lindenbaum und süßer Nachtmusik,
Und ich spürte nimmer meine tausend Wunden,
Und wir waren beide sehr beglückt.
O wie könnte alles gut und schön sein,
Lieber Himmel! mach's noch einmal recht,
Und ein Stern fiel und wir wünschten beide,
Daß er bald uns eine Heimat brächt.

Eines Tags hab ich sie dann verloren,
Und ich finde sie wohl nimmermehr.
Ach, ich hab das schöne Lied vergessen,
Wieder ist mein Herz so winterschwer.
Werd ich Dich noch einmal wiederfinden,
Kleiner Stern auf meinem Rummelplatz?
Und die letzten Blätter fallen von der Linden,
Und mein Leben ist vorbei, verpatzt ...

Werner Bergengruen:

Amerikanische Schaukel

Wurstbude, Schießstand, jedes Los gewinnt!
Ein Simulant dreht seinen Leierkasten,
und Reichswehr siehst du, Mädchen, Mann und Kind
sonntäglich schwitzend durcheinanderhasten.

Ein Kientopp zeigt den Schatz im Teufelssee,
zwei Karusselle locken dich vergeblich,
ein Damenboxkampf kostet viel Entree, —
Dies sahst du oft, es scheint dir unerheblich.

Da bleibt dein Blick gebannt auf dem Kommis
hochoben in der Riesenschaukel haften.
Er schwingt ... und schwingt ... und streckt ... und
                                              beugt das Knie,
erhitzt von unbekannten Leidenschaften.

Du stehst. Du staunst. Der Kerl kriegt nie genug.
Die Zeit vergeht. Du wartest still-bescheiden
und siehst besorgt in immer höhrem Flug
den Wagemutigen die Luft durchschneiden.

Er hört nicht auf. Und endlich gehst du stumm
und bist voll Staunen, was der Mensch doch meistert,
wenn ihn Gekreisch und Krach und Publikum
und konzentrierter Schweißgeruch begeistert.

Dem Bild des Schauklers kannst du nicht entfliehn,
spazierend suchst du dich umsonst zu fassen.
Gejagt von schaudervollen Phantasien
schleichst du dich schlotternd durch die Menschenmassen.

Du ringst. Du rauchst. Du stöhnst. Dir blüht kein
Glück.
Die Stunden gehn. Du windest dich in Schlingen.
Die Qual zu enden, stürzest du zurück
und — siehst erbleichend ihn noch immer schwingen.

Mein Gott! Warum? Wieso? Wer bricht den Bann?
Aus tausend Zweifeln ringst du nach Befreiung.
Welch Schicksal zwingt den unglückseligen Mann?
Ist es Psychose? Ist es Selbstkasteiung?

Schwor ein Gelübde er aufs Sakrament?
Tut ers aus Bosheit? Etwa dir zum Possen?
(Doch da der Schaukelant dich garnicht kennt,
erscheint auch dies dir völlig ausgeschlossen.)

Bezahlt man ihn? ... Ins Dunkel fällt kein Schein.
Inmitten alles Lärmens, Drängens, Rennens
stehst du erschüttert, ehrfurchtsvoll und klein
hier an den Grenzen des Naturerkennens.

Günther Franzke:
Ich und Berlin

Berlin und ich, wir machen in Familie
bei Tango-Tee mit Rum und Witwenschwof.
In Moabit steht man als keusche Lilie —
und is dann abends nich mal halb so dof.
An jeder Ecke: Käuflichkeit der Presse;
und wir riskiern auch sonst die große Fresse
vom Alex bis zur Tauentzien:
    Berlin und ich, ich und Berlin.

Berlin und ich, wir bleiben Kameraden.
Du meckerst nich, Berlin, du stößt dir Raum.
Mir bietest du verschmockte Lichtfassaden —
und dem Proleten einen Kintopptraum.
Wir wolln so tun, als wärn wir Transvestiten;
das kann uns gar kein Staatsanwalt verbieten.
Wir sind gehörig auf dem Kien:
  Berlin und ich, ich und Berlin.

Berlin und ich, wir können uns nicht lassen.
Der Asphalt dampft; ich fliege an die See.
Ich liebe dich, Berlin, um dich zu hassen —
und kriege draußen dauernd Heimatweh.
Ich brauche deine angeschminkte Kühle,
und du brauchst meine sachlichen Gefühle.
Wir ham em beide unsern Spleen:
  Berlin und ich, ich und Berlin.

Gerda von Below:

Dachkammer

Das hohe Lager wird sich früh erhellen,
Und durch die Spalten wird der Morgen weh'n!
Schlafgierig hängen meine Atemwellen
Im kahlen Raum; — ich höre Schritte geh'n,

Gewohnte Schritte, die dem Nachbar gelten,
In nahe Arme sterbend eingehüllt...
Und unter mir zwei Weiber, die sich schelten
Um eine Wanne, die man brausend füllt.

Im zweiten Stock ertönt ein Gassenhauer
Auf einem dünnen, holprigen Klavier;
Schon halb zerrissen steigt er aus der Mauer
Und zittert noch ein wenig durch die Tür.

Helmut Flieg:
Melancholie vom 5. Stock

Bahrtuchgleich lastet Schnee
auf traurig verbogenen Dächern.
Grauer Rauch aus schwanken Schloten
kräuselt in grauerem Nebel.
Totengräber Frost
greift mit eisig verknöcherten Fingern
zwischen die Ritzen dürftiger Fenster. —
Menschheit, zieh dir dein Federbett
über die blaugefrorenen Ohren!

Lichthöfe sind Schächte,
die tief ins Gedärm der Erde sich bohren.
Aber plötzlich ist Schluß. Aschenkästen.
Wär ich ein Kind, würd ich hinunterspucken —
vielleicht gefrör unterwegs die Spucke.
Nur ist die Kindlichkeit in mir
eingefroren...

Winter der Stadt ist gefängnishaft Monotonie —
dekadent — Kunsthonig —
Natur ist für andere Menschen geschaffen,
schwebend im Glück...

Menschheit, du Leiche, schlaf weiter!
Einen Kranz von kahlen Zweigen werd ich dir spenden,
hast es nicht besser verdient —
Rieselnder Schnee hüllt sanft dich ein.

Arno Nadel:

Meine Straße

Schon werden
Gelb
Die Blätter
In meiner
Eislebener-
Straße. —

Und ist
Doch Juli
Noch!

Wahrhaftig,
Juli noch.

Trocken
Hängen sie,
Lang,

Tot, tot,
Und ich
Komme doch
Von tausend
Abenteuern her,

Die aus den
Mythen stammen
Jeden Morgen,

Und der Himmel
Ist um zwei
Schon hell.

Oder, Mythen!
Geister hinter
Dem Tod,

Ist er es
Nicht mehr?
Und geht es,
Wie Tropfenfall,
Zum Winter schon?

Diese Straße,
Meine Straße,
Mit all
Den leeren, großen
Wohnungen,
In die ich
Ziehen möchte,
Die ich mir
Herrlich ausmale,

Mit allen
Den niedrigen
Regalen, sieben
Zimmer entlang,
In denen unter
Dünnem Hauchglas

Meine asiatischen
Bücher auf
Mich wie
Frauen warten.

Mit all den Dingen
Alter, ewiger Tage
Und hinten,
Im siebenten
Raum, mit dem
Chinesischen Bett,

Das einen Vorraum
Hat, in welchem
Ein Dämon
Lauscht,

Auf einem
Sitz von
Jade.

Ach, diese meine
Eislebenerstraße,
Gegenüber der
Feuerwehr, wo
An offenen Fenstern
Die gemütlichen
Männer niemals
Sich rühren und
Die Passanten wie
Alte Frauen
Anstarren und
über sie lachen.

Wo im Kunstsalon
Von Dr. Stehler...
Wahrhaftig, ich
Bin der Schönheit
Wie ein Narr
Verfallen!

Was es sei,
Ob Männer,
Ob Frauen,
Ob Tiere,
Ob Himmel,
Ob Landschaften,
Ob Ecken allerwärts,
Ob Lüfte,

Ob Dinge,
Die kaum welche sind,

Ob tote Wesen,
Längst hingegangene
Menschen,
Längst hingeschwundene
Aether,
Immer noch
Des Lebens voll,

Ich sinne allem
Nach, verfolge
Den Gesang,
Der durch alle
Dinge aus
Tiefstem dringt,
Sie selber ist.

Nur zufällig
Stehen die Häuser,
Brüten die
Tümpel, voll
Von gelbgrünen
Eiterbeulen,
Die Wasserlöcher,
Seen für
Lustlose,

Schlafen sie in
Den Betten,
Wachen sie
Ungern auf,

Während der
Wald, mitten
Im Glühen

Der Lichter,
Des allnächtlichen
Feuerbrandes
Am Himmel
Von Leben
Und Leben,
Über Gestirne,
Brust der
Schöpfung,
Selber, selber,

Erzählt, wächst,
Ein Lied,
Ein grünender
Besen Gottes,

Mein Schreibgerät
Und Gebet,
Meine Freude,
Schöner als
Freude.

Das spinnt herüber
Zu den jüngern,
Die in der „Lunte"
Sitzen, ebenfalls
In meiner Straße.

Ohne Wagen,
Ohne Droschken,
Verträumt,
Wie die
Mädchen drinnen
Auf den
Niedrigen
Stühlen,
Die Augen

In den
Augen
Der Knaben,
Der Männer,
Der Genossen,
Der Verbrecher,
Der Lumpen,
All der
Geldlosen,
Der Sorglosen,
Wie ich.

Meine Straße, du,
Seit unendlichen Jahren,
Immer grau
Und grün
Und lauernd
Aus den
Fenstern,

Auf Tote,
Auf Menschenleichen,
Die fortwehen,
Wie verkohlter Herbst,
Neuen, immer frischen
Gutgebackenen
Platz zu machen,

Die Linien
Die Mansardenlöcher,
Die dunklen Portale,
Fremd in der
Heutigen Eisenzeit.

Aber immer bereit
Für Luntenpack,
Für Bürger

Und Kinderspiele,
Für Zucker — Augen,
Schwindlig
Schwebende,
Ewige Inder
Und Zigeuner,
Kriegsuntüchtig,
Genußsüchtig,
Hergeblasen vom
Süßen Wahnsinn
Der Zeugung

Unter Heiden,
Unter Helden,
Und Schlag — Mannschaft,
Unter Brüllen,

Unter rechnender,
Keifender, unseliger
Politik, im
Klein-Denken.

Sie liebt,
Meine Straße,
Sie küßt,
Sie gleitet
Die geraden Trottoire
Entlang,

Kommt geradewegs
Aus Eisleben und London
her,
Gold- und spotttrunken,
Atmend mit
Lunten-Halunken,
Wie Heu,
Für ein
Berauschtes Paar.

Hans Seiffert:
Ohne Himmel und Erde

Eine schwere Wolke hängt über der Stadt,
schwarz bei Tag, rot in der Nacht.
Aus Rauch und Dunst ist sie gemacht,
aus Schweiß, den die Arbeit vergossen hat.
Tags läßt sie die Sonne nicht herein,
nachts glüht sie fahl im Widerschein.
Doch niemals wird blauer Himmel sein.

Tausend Röhren ziehn unter der Stadt.
Überall gähnt ein Gossenmund.
Du stehst auf unterwühltem Grund,
wo Unrat seine Stätte hat.
Da wächst kein Grün. Da wächst nur Stein.
Da sind viel Menschen, doch jeder allein.
Und niemals werden sie glücklich sein.

Joachim Ringelnatz:

Natur

Wenn immer sie mich fragen,
Ob ich ein Freund sei der Natur,
Was soll ich ihnen nur
Dann sagen?

Ich kann eine Bohrmaschine,
Einen Hosenträger oder ein Kind
So lieben wie eine Biene,
Oder wie Blumen oder Wind.

Ein Sofa ist entstanden,
So wie ein Flußbett entstand.
Wo immer Schiffe landen,
Finden sie immer nur Land.

Es mag ein holder Schauer
Nach einem Erlebnis in mir sein.
Ich streichle eine Mauer
Des Postamts, glatte Mauer aus Stein.

Und keiner von den Steinen
Nickt mir zurück.
Es ist zu süß, zu weinen
Vor Glück.

Sepp Hamburger:

Sommer-Sonntag in der Stadt

Himmel ist in tiefem Blau ertrunken,
(Werktag scheint im Jenseits deponiert —
Motor-Rosse sind der Stadt entstunken — —)
Straßen sind mit Stille auswattiert.

Und man geht erstaunt darin spazieren,
Selig endlos wird die Wanderung,
Und man spricht mit Häusern wie mit Tieren,
Und man lächelt sich unzählbar jung.

Und kein Zeiger scheint die Zeit zu messen,
Gläubig steht man, in ein Glück verirrt
Und man hat es ganz vergessen,
Daß es gestern gab — und morgen wird.

Kurt Erich Meurer:
Schwarzer Sonntag

Umgetriebener von Qual zu Qual,
sah ich grelle Karuselle kreisen,
sah in Schaukeln Kinder mondwärts reisen —
Schorne ragten, und ein Baum stand kahl.

Wie so früh der trunkne Abend sank!
Brandreflex flog auf in fernen Scheiben,
Wind zerstob in Schwall und Schattentreiben
und der Boden schien von Schauern schwank.

Dann schob sich der breite Leib der Stadt
zwischen mich und das Erbarmungslose, —
und ich torkelte wie ein Matrose,
der vom Meer drei Tage Urlaub hat.

Eine Lichterhölle klaffte rot
um des Satans hämisches Bewirten —
Lärmkapellen, die wie Scherben klirrten,
überrasselten die Atemnot.

Als nun alle Sinne, hell entfacht
von den giftig gütigen Essenzen,
lüstern buhlten mit vergangnen Lenzen,
schnappte eine Falltür in die Nacht.

Polternd floß ein Strom um das Gestein.
In des Todes Werkstatt klang die Feile,
und ich ächzte unter einem Beile,
das an einem Haar hing seidenfein.

Braune Strähne unsrer braunen Frau,
oft gestreichelt von verwirrten Händen — —
O ich duckte wie an sanfte Lenden
mich an Pflaster moderfeucht und rauh —

und ich wartete auf Berg und Tal,
wartete verzückt am harten Rande
von bekannt und unbekanntem Lande
auf die lieben Sterne noch einmal!

Martin Kessel:
In die Straße gefragt

Kennst du dies auch, dies in die Nächte Stieren,
dies ausgehöhlte Lauern auf Gewinn?
Wenn du auch weißt, du hast nichts zu verlieren,
gibst du doch ungern deinen Leichnam hin.

Vielleicht, zum Trotz, als Ausgeburt von Plänen,
strahlt diese Welt, nur du begreifst sie nicht?
Dir weckt der Frost das Reißen in den Zähnen,
dir schneidet er mit Messern ins Gesicht.

Kennst du dies auch, wird dir denn wohlgemuter
bei dem Gestirn, das nächtelang dich äfft?
Die Schönheit, winkt sie, ist ein falsches Luder,
die Überzeugung ist noch kein Geschäft.

Glück oder nicht, Gewohnheit oder Liebe,
mein Kompliment! Der Mensch hat keine Wahl.
Er feiert sich im grauen Selbstgetriebe
der Städte und verwünscht es tausendmal.

Kennst du dies auch, dies spät Hinübersinken,
dies am Kanal hin Eilende des Monds?
Vom Unheil, wo verweste Leichen stinken,
kaum einen, der hier landete, verschont's.

Frank Warschauer:
Die Flucht

Weil hier so viele Schritte sind,
in dieser Straße, in der ich aufgewachsen bin,
deswegen habe ich ein müdes Gesicht
und deswegen bin ich ein trauriger Mensch.

Weil hier so viele Schritte sind,
in dieser Straße, in der ich aufgewachsen bin,
deswegen richte ich mich so selten auf,
Armeen sind über mich weggestampft.

Weil hier so viele Schritte sind,
in dieser Straße, in der ich aufgewachsen bin,
deswegen hat man mich eingesperrt,
sie fanden, ich hätte Wechsel gefälscht.

Weil hier so viele Schritte sind,
in dieser Straße, in der ich aufgewachsen bin,
deswegen nehme ich Dich zur Hand, o Freund,
und in die Stille fliehend töte ich mich.

Theodor Kramer:
Brief aus der Stadt

Soll ich nun vom Sommer zwischen Steinen
dir noch schreiben? Zeitlich bin ich frei
und ich flieh in eine jener kleinen
Buden mit fast leerer Bretterreih.

Mit Karbol und Stauböl sind die Matten
herb gewürzt, es klimpert das Klavier
und die Leinwand flimmert helle Schatten,
und ich sehne sinnlos mich nach dir.

Vor dem Schacht, der auf die Straße mündet,
liegen Steig und Pflaster leer und blau;
nur ein kleiner Hauch vom Kai her kündet
Dunkel an und eine Spur von Tau.
Stimmen stehn schon unterm Tor beisammen,
mein verstörter Blick trifft im Revier
hie und da auf kleingestellte Flammen
und ich sehne sinnlos mich nach dir.

Und in einem jener Lichthofgärten,
deren Efeu dumpfig haucht und schal,
nehm ich später zwischen halbgeleerten
Deckelgläsern ein bescheidnes Mahl,
Rahm und Rettig. An den Nebentischen
plaudert frohes Volk; der Simse Zier
und die Traufen seh ich sich verwischen,
und ich sehne sinnlos mich nach dir.

Kurt Erich Meurer:

Hospitalfenster

Matt vom teilnahmslosen Licht beschienen,
blüht ein Topfgewächs am Fensterrand;
durch die gelbverwaschenen Gardinen
tastet schüchtern eine Kinderhand.

Und ein Antlitz lächelt in Verbänden,
drin zwei schmerzensbange Augen stehn —
Hinter ihm vor überkalkten Wänden
einer weißen Haube Flügelwehn.

„Schwester! Schwester!" — Mit Propellerknattern
schwebt ein Flugzeug um den Giebelbau,
und wie einer Taube scheues Flattern
folgt des Kindes Traum der Fahrt ins Blau.

Im versurrenden Geräusch der Schraube
sinkt die kleine Hand erschlafft und fahl,
und es taucht der Schwester helle Haube
wieder in den schattengrauen Saal.

Aber Wehmut rät mir: spitz die Lippen!
Pfeif ein Lied! — Mein Herz fliegt wie ein Ball,
und des Kindes Hand beginnt zu wippen
und sein Mund beschenkt mich mit Gelall.

Joachim Ringelnatz:

Es schneit

Es schneit dicke Flocken,
Nicht warm aber frisch gebacken.
Die setzen sich in meine Dichterlocken,
In meinen Schiebernacken,
Auf meine Smoking-Socken.

Sie machen den Polizisten
Gemütlich zum Weihnachtsmann.
Da legen die Touristen
Ihre Polarausrüstung an.

Wir wollen uns alle zusammentun,
Um den Beschluß zu fassen:
Es dürfen alle Sachsen von nun
An nicht mehr ihr Land verlassen.

Sie querten mit wilder Behaglichkeit
Karlmayisch gedachte Fernen
Und blieben Sachsen. Es wird für sie Zeit,
Sich selbst erstmal kennen zu lernen.
Es schneit.

Wenn hundert Leute sich einig sind,
Dann fühlen sich die als Giganten
Und schwafeln vor einem vernünftigen Kind
Wie taube verwunschene Tanten.

Es schneit. Wie in unserer Kinderzeit.
Zum Wintersport eingeladen,
Gehe ich schlafen. Es schneit. Es schneit.
Es schneit für den Landmann Kuhfladen.

Es schneit für die Zukunft Straßendreck.
Auf Gräber schneits weiße Rosen.
Doch es schneit Erbsensuppe mit Speck
In die Taschen der Arbeitslosen.

Otto Rombach:

Abendlied an der Schleuse

Es hängt ein Rettungsring im Park an einem Pfahl,
ein weißer Ring mit rotenroten Streifen...
Bist du es oder ich das nächste Mal,
den sie aus dem Kanal zur Wache schleifen?

Schau nicht so auf das graue Wasser hin, —
es treibt und treibt und treibt dich doch nicht mit.
Ob du es bist, ob ich es bin, —
niemand weiß, was unsereiner litt.

Das kommt bestimmt nur durch die Trauerweiden,
sie hängen ganz wie du und ich am Uferrand.
Fast jeder Mensch hat irgendwie ein Leiden,
doch jeder Mensch hat auch sein Schicksal in der Hand.

Das Wasser treibt und treibt durch den Kanal.
Es ist so grau und riecht wie nach Carbid.
Mein lieber Freund, nimm dir auf jeden Fall
den Rettungsring (im Park, an einem Pfahl)
zu deinem Abschied mit, —
zu deinem Abschied mit.

Hermann Kesten:

Unpassende Romantik in Berlin

Ein Kanal, darin der Uferbäume
Schatten dunkler sind als aller toten
Dinge Schatten;
Und die allzu roten
Farben, die im Nachglanz rasch ermatten,
Eh die Nacht sich auftut, blaß wie Träume...

Wasser rauscht. Laternen blitzen gelber.
Rhythmisch hämmern helle Eisenbahnen
Bläulich rauchend.
Still der süßen Dämmerung enttauchend,
Erst kaum zu ahnen,
Leuchten Sterne auf. Ich selber

Fühle mich in Nacht gehüllt so still.
Zu unbestimmten Dingen zieht's mich hin...
Bis ich mir sage, ich bin in Berlin,
Tiergarten, eine Bank — ganz nahe fahren ständig
Automobile, numeriert und fast lebendig —
Dann weiß ich nicht, warum ich weinen will?

Theodor Kramer:
Der letzte Abend

Es spiegeln sich die ersten Bogenlichter
in meinem Ruster, die Akazien wehn;
voll sind die Tische, heiter die Gesichter,
und morgen muß ich auf die Klinik gehn.
Für zehn Uhr ist der Saal bestellt, sie sagen,
an meinem Eingriff sei nicht viel daran;
seit Mittag schon geh ich mit leerem Magen,
und niemand im Kaffee sieht mir es an.

Schön ist der Abend, auf dem Gehsteig lachen
die leichten Mädchen und der Eismann schellt;
sie werden mir noch einen Einlauf machen
und mich betreuen für mein gutes Geld.
Sie werden mich in weiße Tücher betten,
sie schnallen mir vielleicht die Hände an,
sie zählen laut die Bausche und Pinzetten;
und niemand im Kaffee sieht mir es an.

Um meine Wangen, die ich jetzt noch greifen
und fühlen kann in ihrer Kernigkeit,
wird eine Hand mir sacht die Maske streifen,
und eine Stimme zählt aus mir die Zeit.
Der Schlund vereist ... es zwingt mich zu versuchen,
ob ich noch schlucken und noch trinken kann;
die Tassen klirr'n, der Kellner kommt mit Kuchen,
und niemand im Kaffee sieht mir es an.

Curt Wesse:
Häuser am Abend

Sie stehn im Abend schwarz geneigt
zur Straße, stehn im stillen Hoffen.
Sie harrn gelassen. Dämmrung sinkt und schweigt,
doch ihre Türen sind schon leise offen.

Sie horchen auf. Von ferne tönt ein Fuß,
der wirren Menschengang zu ihrer Schwelle
durch Jahr und Straßen leitet. Blank zum Gruß
erglänzen Klinken in metallner Helle.

Die Mauern streben hütend, schweigen fahl.
Tapeten singen im Zimmer, lachen
und weinen. Spielend schlingt sich Lust und Qual
durchs Muster. Decken beugen sich und wachen

wenn fliehend Schlaf aus Körpern strebt —
wenn Augen aufgehn, groß, zum stummen Sprechen.
Sie sehen Gott, der nachts im Menschen lebt,
Gebete steil aus aufgedrehtem Munde brechen.

Des Daches Riesenhände sind
getreu gefaltet. Sternlicht überleuchtet
den einsam hohen First. Ein Fenster sinnt
zum Himmel, sanft vom Licht befeuchtet.

George A. Goldschlag:

Die Ballade von der Untergrundbahn

Unter schwerem Straßenpflaster
Liegt der Bahnhof ausgehöhlt.
Eisenpfeiler und Pilaster
Halten das Gewölb verstählt.
Licht, in Leisten eingekehlt,
Macht Beton zu Alabaster.

Tiefer gelegen auf Steinen und Schottern
Laufen daneben wie silberne Ottern,
Ohne zu schlängeln, zu ringeln, zu schlottern,
Gleißende Schienen, elektrisch beseelt.

Plötzlich glüht die ferne Strecke,
Von zwei Feuern grell erhellt.
Donnernd stürzt es um die Ecke,
Wild im Sprung nach vorn geschnellt.
Durch die Nacht der Unterwelt
Tanzen gelbe Strahlenflecke.
Näher und näher auf schlagenden Rädern,
Wo sich die Weichen der Einfahrt verädern,
Wippend und schwankend auf eisernen Federn
Stürmt es und bremst es und stoppt es und hält.

Steter Drängelei gewärtig
Strömen Menschen, angstgehetzt.
Schaffner, barsch und blau und bärtig,
Halten den Perron besetzt.
Türen rasseln. Vorsicht jetzt!
Eilen bitte! Achtung, fertig!
Rollende Wagen bewegen sich schütternd,
Rucken und rattern und rasen gewitternd.
Hinter den hastig verschwindenden zitternd
Leuchtet noch rötlich das Schlußlicht zuletzt.

Elfmal jährlich, laut Statistik,
Springt ein Mensch mit schrillem Schrei
Als verkörperte Ballistik
Vor den Zug und wird zu Brei.
Kurzschluß beißt den Draht entzwei.
Alles stockt in Nacht und Mystik.
Chaos und Panik. Entsetzensgezeter.
Aber schon wimmeln herbei Sanitäter,
Arbeiter, Schaffner. — Minuten nur später
Brennt schon das Licht, und die Strecke liegt frei.

Hermann Claudius:
Fierawend in' Haben

Weddern Damper, weddern Troß:
luder Lüd vun Blohm un Voß.

Swor, swor, swatt in't Gesich
stampt se öwer de Lannungsbrüch.

Wecke hebbt Il un drängelt sick vör.
De Kaffeetänk klötert achter jem her.

Weck, de smökt ehr Pip Toback,
makt mankdör en lütten Snack:

Kuddl! Hein! Bi Tetje Smidt
nehmt wi noch en Lütten mit!

Baben kickt de Awendsünn
in de letzten Finstern rin.

Ünnen ut dat Water stiggt
hier en Licht, dor en Licht.

Rok un Dunst un Sus un Brus — — —
Man na Hus — — — na Hus — — —

Hermann Claudius:
De Fabrikschossteen

Ick bün de Baas! Min Buk is rund!
Un mine Lung'n, de sünd gesund!

Ha! War de Heben kann, kann'ck ok:
as Wulken treckt min swatte Rok!

Ick kik ümher un stah un paff!
Un all de annern racht sick aff

un bört un slept un sweet sick mör.
Ick fleit! — — Un alln's löppt to mi her.

Ick tut! — Un allens löppt torüch.
— — — Un jümmer bleeker in't Gesicht;

so witt, so bleek — — mi is to Mot:
as drück ick jem ehr rodes Blot!

Makt nicks! Dat smeckt mi got!

Georg Britting:

Der Kamin

Schwarz in das Blau stieg der Kamin
Und stand den ganzen Nachmittag
Bei Vogelruf und Zimmermannsschlag
Kohlschwarz getuscht. Doch wenn um ihn

Die Abendröte sanft erblühte,
Der Hammerruf, der Vogelschlag
Sich müde klang wie jeden Tag,
Dann glühte

Ein Stern wild ob dem schwarzen Strich,
Der wehend nunmehr einer ranken,
Zartgekrausten, kranken, schwanken
Rebe glich.

Alfred Prugel:
Die Wolkenheere

Am Abend brachen mächtige Wolkenheere auf
und zogen gewaltig über die müde Stadt —
träg und zu starken Bergen geballt
schoben sie sich über unsere Schädel.

Wir krochen verängstigt aus unsern Häusern,
hielten auf der Straße stumm den Atem an,
stiegen aus dumpfen Betten
oder fielen wie matte Fliegen am Fenster um.

Die Wolken aber, die schweren, hingen
wie Schicksal auf uns, wie Anfang und Ende,
und wir verjagten sie dann mit grellen
Scheinwerfern und giftigen Leuchtreklamen.

Aeroplane zerrissen sie mit dröhnenden
Schreien — bis sie bleich in der Ferne
sanken und verschwanden. — —
Aus ihren Wunden aber brach

schimmernder Regen unablässig
über die brodelnde Stadt —
und die Mauern waren um Mitternacht
endlich wie von Tränen getränkt.

Curt Wesse:
Kino am Rande der Stadt

Am Riff der letzten Häuser ist das Feld,
sind Erde, Furche, Tier und Strauch zerschellt.
Stein, Mauer, Hof, — ein elendes Geviert,
steht Wache, daß die Stadt nichts Lebendes verliert.

Das Nachtmeer ist umgellt von Pfiffen
der Stadtbahn, die rings um die Herde hetzt —
und plötzlich wird die Finsternis zerfetzt
von eines Kinos lichtdurchzuckten Griffen.

Das Kino schreit, stampft, saugt und rafft
aus trüber Straßenflut sich arme Schwimmer,
es hat mit seinem surrenden Geflimmer
rasch Mensch an Mensch gepreßt in seine dunkle Haft.

Die weiße Wand erbebt vor der Maschine,
die ihren Atem aus der fürchterlichen Enge
ins Dunkel speit jach über das Gedränge
und ihre Zelle sprengt im Strahl der Lichtlawine.

Von tausend Speeren wird die weiße Wand getroffen.
Ihr Schattenblut fließt weich und wird zum Bild.
Besiegt ist jeder Widerstand und aus der Fläche quillt
Bewegung. Rings sind in den Augen müde Herzen offen.

Der Griff der Städte bebt in diesem Lichtzerspalten, —
ihr letztes Knieen vor den zerschlagenen Gewalten:
vor Laub und Tier, vor Feld und Baum.
Heiß aus dem Stammeln, aus dem trüben Schaum

der Filmlegenden tickt ihr ehernes Verlangen,
im Takt der bebenden Motore, hämmernden Maschinen
dem ewig unbekannten Gott zu dienen —
— und seine dunkle Knie in Andacht zu umfangen.

Georg Britting:
Abendliche Großstadtstraße

In der braunen Nacht
Schwimmen rote Lampione.
Späte Radfahrer, die ohne
Laterne heimkehrn, haben sie entfacht.

In feuerroten Dünsten
Drehn sich die Kugeln überall,
Aus roten Feuersbrünsten
Steigt grell der große Mondenball.

Die trunknen Fahrer schwirren
Insektengroß zum roten Mond
Und surren schrill auf ihren
Rädern rotbelampiont.

Ernst Blass:

Der Hund

Ich denke an eine Straße zurück,
Die war verzaubert und bunt.
An reizvolle Mädchen, zufälliges Glück,
An diesen und jenen Hund.

Besonders an einen, der zottelig und grau,
Dessen Rasse man Skyeterrier nennt,
Er war in der Großstadt gegründetem Bau
Ein seltsames Element.

Er führte wie in ein Märchen hinein
Und war wie ein springender Quell.
Sein Augenaufschlag war warm und rein,
Und tief sein dunkles Gebell.

Der Tag schwand dahin, und der Abend kam,
Der Hund ging still wie ein Lamm
Im toller werdenden Zauberkram
Des funkelnden Kurfürstendamm.

Bernhard Trinius:

Der Strom der Straße

Unendliche Straßen strömen
Mit fieberbunter Fracht
Von Menschen und Wagen
Und einer Lava von Lichtern
In die entzündete Nacht...

Da segeln Gesichter vorbei,
Von Stürmen zerdroschen
Und finster-zerrissen...
Mit Augen, die lange erloschen...
Und andere sind
Von Hoffnungen hell
Wie mit Wimpeln beflaggt
Und fluten froh
Im treibenden Takt.

Wie glühende Riesenwürmer
Eilen die Wagen auf kreischenden Schienen,
Und hart neben ihnen,
Mit Feueraugen und Nilpferdgesichtern,
Rasseln die Autos in endlosen Reihen.

Viel tausend Laternen
Ziehn weit wie Alleen
Und locken in Wege,
Die nirgends zu Ende gehen.

Blühn wo noch Fluren
Hinter dem steinernen Wald?...
Nur endlos starre Konturen
Von Mauern, zu Ketten verschnallt...,
Von Ecke zu Ecke nur Huren,
Kneipen, Dunst und Asphalt...

Und grell von den Häuserkronen
Schäumt auf wie feuriger Gischt
Reklame, die auf Millionen
Elektrischen Zauber hinzischt.

Nur hoch im dunklen Gewölbe,
Verborgen vorm schrillen Glanz,
Glimmt ungewiß und vergessen
Der Sterne verdunkelter Kranz.

George A. Goldschlag:

City

Lichtbänder zucken über Häuserschächten.
Steile Fassadenfronten stehen stramm.
Rolltreppen schaufeln Menschen aus den Nächten
Der Untergrundbahn auf den Straßendamm.

Geschrei. Geklingel. Hupen und Sirenen.
Schaufenster. Banken. Warenhäuser. Bars.
Haushoch und lächelnd mit entblößten Zähnen
Das Riesenbrustbild eines Kinostars.

Zigarrenhandlungen. Cafés mit Diele.
Bei Bogenlampen Straßenübergang.
In weiter Schlangenflucht Automobile,
Sechsfache Reihen, unabsehbar lang.

General Motors — Daimler — Horch — Mercedes —
Studebaker — Chrysler — Opel — Fiat — Ford —
In seinen Flanken zitternd lauert jedes
Auf freie Fahrt und neuen Rennrekord.

Das Licht ist rot. Fußgängervölker wandern
Quer durch die Wagenfront in gleichem Trott.

Der Sipo trennt die einen von den andern
Nur mit der Geste, wie ein alter Gott.

Von der Gewalt der Flut steht eingekesselt
Allein sein Umriß ragend im Orkan.
Das Licht wird grün. Ein Chaos wird entfesselt.
Bewegung stürzt sich in die offne Bahn.

Im Rhythmus wechselnd hämmert die Mechanik.
Gewühl und Stillstand. Rast und Raserei.
Gehemmtes Warten. Atemlose Panik.
Die Bahn versperrt sich. Und die Bahn wird frei.

Die Ampeln flammen mystisch-unergründlich.
Auf „Halt" folgt „Durchfahrt" und auf „Durchfahrt"
„Halt".
An jeder Straßenecke sausen stündlich
Zehntausend Autos über den Asphalt.

Am Dachsims klettern unaufhörlich sinnlos
Die Lichtreklamen für Konfekt und Sekt.
Hier streut das Schicksal Nieten und Gewinnlos.
Hier wird gelebt, genossen und verreckt.

O Stadt der Pferdekräfte und der Kabel,
Voll Not und Reichtum, Hunger und Geschlemm —
Ich nenne Dich bei Deinem Namen, Babel,
Sodom, Gomorrha — und Jerusalem!

Max Barthel:

Stimmt ihr großes Instrument...

Von den festgefügten Glockentürmen
Dröhnt ein ungeheurer Schlag.
Viele viele Glocken stürmen
In den müden Arbeitstag.

Und du steigst aus der Bedrängnis,
Aus der Pflicht, dem Notgefängnis,
In ein Licht, das magisch brennt.

Aber dann, mit einem Schlag,
Stirbt der Tag, der Glockenschlag,
Und die Nacht, die jeder kennt,
Stimmt ihr großes Instrument.
Sie beginnt den Allzuvielen
Ihre Hymnen vorzuspielen:
Liebe, Ruhm und weite Welt,
Mord und Diebstahl, Macht und Geld,
Die Verschwörung und Betörung,
Die Erhörung und Empörung,
Das Vergessen, das Besinnen,
Das Verlieren, das Gewinnen!

Erich Kästner:
In der Seitenstraße

Hier ist es dunkel. Komm noch etwas näher.
Hier ist es fast, als wäre man im Wald.
Was soll man andres tun als Europäer?
Die Stadt ist groß, und klein ist das Gehalt.

Man liest manchmal in seltsamen Romanen
von Inseln, wo fast keine Menschen sind.
Dort gibt es Palmen statt der Straßenbahnen.
Und kleine Affen schaukeln sich im Wind...

Und an das Ufer spülen manchmal Fässer.
Darin ist Cornedbeef und Pilsner Bier.
Dort haben es die Liebespaare besser!
Wir sind nicht dort, mein Kerlchen, sondern hier.

Hier stört man uns, als täte man's zum Spaße.
Die Städte schrein und platzen vor Betrieb.
Da stehn wir nun in einer Seitenstraße
und haben uns „nur zur Verrechnung" lieb.

Es sieht fast aus, als wollten wir wen meucheln.
Dabei ist unsre Absicht gar nicht bös.
Ein bißchen küssen... Und ein bißchen streicheln...
Ach, wer sich liebt, den macht die Stadt nervös.

Was hilft das alles? Reizend war es heute.
Vermutlich kriegst du wieder Krach zu Haus.
Es ist, als wohnten hier gar keine Leute.
Na ja, und ich muß morgen zeitig raus.

Ich bringe dich noch bis zur Haltestelle.
Gleich ist es Zeit. Gleich kommt dein Autobus.
Hast du mich lieb? Gib mir noch einen Kuß...
Und Mittwoch sehn wir uns. Auf alle Fälle.
Nun aber Schluß!

Alfred Richard Meyer:

Horcher

Kommt einmal das große Sterbchen über mich, glaub
 ich: alles wär abgewandt,
Hätte ich von Horcher, Lutherstraße 21, drei Tassen
 Consommé Rahna zur Hand.
Ein halb Pfund Filet, gewürfelt, leicht angebraten,
 durch die Presse gepreßt,
Welcher Saft sich mit reichlich Crème double, Eigelb,
 Paprika abschmecken läßt.
Will heißen: die letzte Abschmeckung ergeben erst drei
 Tropfen Insel Madeira.

Dann meckert Hans Mors im spacken Gelächter:
„Verzeihung und buona sera!"
Die Arme heb ich, breite die Brust, fühle erneut das
leibliche Wunder,
Schnüffle in den „réchaud": da prutzeln Schnepfen-
brüste in eitel Burgunder.
Der soll in letzter Sekunde mit Grande Fine Champagne
Napoleon gesegnet werden.
So mag dem Übergang würdig und doch gastrothera-
peutisch begegnet werden.

Paul Zech:
Liebesballade im Regen

Auf den Straßen, zwischen den Schienensträngen,
glitzerte Wasser. Und manchesmal spritzte es unter
den Bahnen
silbern empor bis zu den Fußgängerwegen.
Und die jungen Bäume dort ließen die Fahnen
aus maigrüner Seide so traurig herunter hängen
im Regen.

Unter dem Glasdach einer verwitterten Kinoreklame
habe ich lange nach dem letzten Nachtauto gefroren.
Und da kamst Du mir grade gelegen:
so knabenhaft schmal in den Hüften und wie geboren
für meine Gefühle. Denn außer Dir stand keine Dame
im Regen.

Und als wir uns ansahn die kurzen Sekunden
und garnicht mehr frugen, wie einer den anderen fände,
da kam uns das Blut schon auf halbem Wege entgegen
und ich küßte unter dem Schirm Dir die zitternden
Hände
und habe zuletzt auch Dein Herz gefunden
im Regen.

Für Dein Herz ... da habe ich gleich ein Gedicht
                    geschrieben,
denn wir saßen jetzt wortlos beglückt an den dunklen
                    Tischen
in einem Café. Und aus den tropisch durchglühten
                    Gehegen
der Geige begann jetzt Dein lüsterner Atem zu zischen,
bis ich Dich mitnahm. Sonst wärst Du alleine geblieben
im Regen.

In dieser Nacht aber ist alles ganz anders verlaufen,
wie ich es mir ausgedacht hatte in meinen Gefühlen.
Und als ich beschämt Dir was schenkte, da sagtest du
                    lächelnd: weswegen?
Und ließest auf meinen Lippen nur einen kühlen
Geschmack Deiner Armut zurück, den wird sich kein
                    anderer mehr kaufen
im Regen.

Hans Alfred Kihn:

Karnevals-Vision in Berlin O

Die Orgie braust um das Klavier,
In Strömen fließt das Aktienbier.
Isolde nach dem Bratklops grappst,
Der Hausbesitzer kornbeschnapst
Bewirtet schon mit Bockwurst gar
Die nackte Odaliskenschar.
Der Rollmops krönt das Bacchanal:
Wer hat noch nicht? Wer will noch mal?

Auguste schwooft in kurzer Büx
Mit oben nix und unten nix.
Von Carne-vale keine Spur,
Wogt aus dem Vollen die Natur.

Bewundernd rankt an dieser Fee
Sich die Pupille in die Höh'.
Hernieder lächelt hold ein Strahl:
Wer hat noch nicht? Wer will noch mal?

Der Postrat zückt den leichten Sinn
Und stürzt sich in den Taumel 'rin.
Der Nebenbuhler scheeler Zorn
Beäugt ihn giftig hint' und vorn.
Doch für den Fall, daß was geschah,
Stehn schon die Sanitäter da:
Karbol, Tonerde, Hospital.
Wer hat noch nicht? Wer will noch mal?

Die Naunynstraße macht mobil,
Es jauchzt das schwubbernde Fossil,
Markiert mit einem Zwicker „Jeist"
Und tanzt bis ihr der Schlüpfer reißt.
In Strömen fließt der Grünkohlmann,
Der Lagerist von nebenan
Speit von der Treppe ins Lokal...
Wer hat noch nicht? Wer will noch mal?

Zurückgebogen, schwungbewegt
Apachenbraut im Sturmwind fegt.
Haach, Sinnenglut, dämooonisch, haach,
Du bist so stark!... Mir wird so schwach...!
Um ihren Hals der rote Schweif
Ein schmaler Guillotinenstreif...
Beauté de diable... (kriminal)
Wer hat noch nicht? Wer will noch mal?

Natürlich fehlen nie am Platz
Die Tankbraut und der Fußballschatz.
Die Knutschbaumblüte äugelnd blickt
Und wartet, daß sie einer pflückt.
Und kesse Beer'n mit Hosen an
Gehn alle Welt mit Losen an

Zur Tombola im hintern Saal:
Wer hat noch nicht? Wer will noch mal?

Das Saxophon zerreißend tost,
Die Kerle zuckeln hemdbehost.
Die Bäuche scheuern aneinand,
Die Rechte hoch — die linke Hand
Fühlt zwischendurch ans Portemonnaie,
Ob es noch langt zum Nachtcafé.
Denn bald ertönt es: „Daaa — men — waahl!"
Wer hat noch nicht? Wer will noch mal?

Um zwei sind schon die meisten fort.
Der Ober mit den Kaffees schlorrt.
Die Damen, offen bis ans Herz,
Ziehn paarweis toilettenwärts.
Noch in den Ecken wird getanzt,
Verlassen schnarcht ein Ehewanst,
Papiergekrönt. Das Bier steht schal.
Wer... hat noch nicht...? Wer... will noch mal...?

Ernst Blass:

An Baby

I.

Pharao sah einst im Traum, wie sieben magere Kühe
Sieben fette verschlangen, selbst aber blieben sie dürr;
Pharao, glücklicher Mann! Was ich an mageren Kühen
In meinem Leben geseh'n, zählen kann ich es nicht.
Hab' sie im Wachen geseh'n, mechanisch zehrende
                                        Horden,
Leben, Natur, Poesie fraßen die Scheusale kahl.
Ja, sie verfolgen mich selbst bis in die Träume am
                                        Morgen
Mit ihrem schleppenden Fuß und ihrem schluckenden
                                        Maul.

II.

Dies sind Jahrzehnte der Dürre! So komme, lieblichste
 Baby,
Wieder zu mir in die Bar, wo ich als Dichter begann,
Wo deine Haare noch glühen, und wo noch rötlich der
 Flip ist,
Wo der Mixer den Trank rüttelt und schüttelt wie einst.
Lasse den Fremden das Amt der Vermehrung von Un-
 sinn und Unglück;
Wir müssen's tragen, jedoch machen können wir nichts,
Als vergessen, Geliebte, das alles verwüstende Rindvieh,
Das das Leben und uns langsam schlingt in den Schlund.

III.

Gott läßt nur Eisen noch wachsen? Mir hier einen
 Whisky mit Soda,
Weil noch die Tasche nicht leer, weil noch der Arzt
 es erlaubt...
Immer noch währt etwas Freude. Es währt noch ein
 bißchen vom Leben,
Und ich sitze mit dir artig und lachend am Tisch.
Draußen verrollet die Zeit. Wir heben die bunten
 Getränke
Ewig an unseren Mund, und sie schmecken uns noch.
Freundlich trägst du das Kleid, das schwarze, matte
 Georgettekleid,
Dein Aug' grüßet mein Aug' und deine Hand meine
 Hand.

IV.

Manchmal naht sich der Kellner, und manchmal erscheint
 so ein Fräulein,
Das Schokolade, Konfekt und Zigaretten verkauft,
Manchmal tanzen die Menschen, und manchmal ist
 eine Pause,
Doch ich fühle das kaum, denn ich fühle nur dich:
Wie dein süßes Gesicht der göttliche Schöpfer gebildet,

Wie du durchdacht und naiv bist für den Abend
                geschminkt,
Wie deine Blicke sich geben, verloren und leise ver-
                führend,
Braun und in Trauer kokett, heimlich, gewagt und
                gelind.

V.

Baby, mit sanftesten Feuern wirst du mich wieder
                entzünden?
Und paradiesischen Traum findet dein launischer
                Freund,
Wenn wir die bunte Spelunke, die schwimmende Höhle
                verlassen,
Und ein Berliner Chauffeur fährt uns als Amor nach
                Haus?
Baby, nun lachst du so weiblich und übermütig ver-
                stohlen,
Von meinem ganzen Gesang glaubst du natürlich kein
                Wort.
Doch beteuern? Ich kann's, ich kann es beinah
                beschwören:
Ach, deine Süße, sie ist noch mein gewissestes Glück.

VI.

Ja, ich gebe es zu, es waren die holdesten Stunden,
Die ich in Leichtsinn und Flirt hinbringen konnte bei dir,
Die ich mir nahe bei dir in lockerster Laune gestohlen —
(Manchmal herrschte ja auch wohl noch ein schärferer
                Ton).
Von deinem Reize gefesselt, entfesselt war dann der
                Besorgte,
Und mit dem feurigen Drang wuchs das poetische
                Herz —
Freundin, die Gläser der Bar bewahren geschliffen und
                farbig
Glitzernde Spiele des Nichts, Göttersekunden des Lichts!

Victor Wittner:
Elf Uhr Nachts

Die Bogenlampen zucken auf und lallen Licht
im Krampf der Agonie noch einmal, eh' der Strom
der Kraft versickert... Von dem dunklen Dom
löst sich die elfte Stunde, stürzt mit erzenem Gewicht.

Verspätet eilen einzelne Passanten
über den stillen Platz. An den gespannten
Drahtschnüren der Oberleitung tastet
die letzte Straßenbahn sich heimwärts. Rastet. Hastet.

Die Straßen schlafen. Gaslaternenpfosten
stehen steif an allen Ecken Posten.
Oft schrecken grelle Auto-Augen, schlitzen
das Dunkel auf, daß Kegel Lichtes blitzen.

Jetzt kommen Nachtarbeiter, und sie reißen
das Pflaster auf. Gasflammen offen gleißen
und flackern gelb und grün zu ihren Häupten:
Man sieht sie eifrig hingebeugt hantieren
und in der Tiefe Schäden reparieren,

wie Ärzte, die den chloroformbetäubten
Körper des Kranken schweigend operieren.

Walter Hans Giese:
Asphaltstrophen

Betrunkner gröhlt ein Heimatlied,
das über Asphaltfläche flieht.
Zu seinen Füßen schwankt und schwillt
im Regennaß sein Spiegelbild.

Die Häuser sind sich nah gerückt,
fröstelnd und naß und wie gedrückt,
Schutzwall gen Dämmer, Sturm und Wind,
die wachsam und geschäftig sind.

Ein Fenster tut sich knackend auf;
ein Hündchen bellt zum Mond hinauf,
der blaß, verwaschen, krumm und knapp.
Der Himmel lastet schwer herab.

Ich taste mich mit dumpfem Sinn
durch menschenleere Gassen hin
und fühle vieler Fenster Wacht
fast wie Verfolgung durch die Nacht.

Viel hartes Wort, viel roter Schrei
betasten mich, fliehn mir vorbei.
Ich fühle grauer Qualen Wucht
hinter verhängter Fenster Flucht.

An diese Wände brandet schwer
der Leidenschaften wildes Meer,
Verrat und Haß durch Vorhangschlitz
und kaum verborgenen Dolches Blitz.

Weiß flackert runder Frauenarm
kurz auf. Die Nacht scheint plötzlich warm.
Von heißem Leibe streicht vielleicht
die Hand das Bett, das willig weicht.

Von fremdem Schicksal angefüllt,
das durch die stumme Nacht ächzt, brüllt,
irr ich, mir selber fremd, straßab.
Der Mond grub sich ein Wolkengrab.

Schon stellt sich farblos grauer Schein
als erste Morgenbotschaft ein.
Unsinnig kräht ein Hahn und kräht.
Die Weckuhr schrillt. Die Nacht vergeht.

Betrunkner fand noch nicht nach Haus,
ruht sich am Kandelaber aus.
Die späte Dirne streicht vorbei.
Im Hausflur küssen sich noch zwei.

Ein Motorwagen knattert her
betäubend, schütternd, groß und schwer.
Und wie ein Hündchen vor ihm flieht
mein müdes trübes Asphaltlied.

Erich Mühsam:

Der Torbogen

Dunkel und schwer quer über die Gasse
wölbt sich ein Bogen von Dach zu Dach,
stützt mit den Schultern die bröcklige Masse
bresthafter Häuser aus Mörtel und Fach.

Schwarz aus des Fensters gespenstischen Gittern
glotzt von des Torbogens Stirne die Nacht,
wirft mit Schatten, die züngelnd zittern,
höhnt den furchtsamen Wind und lacht;

knetet aus Finsternis grinsende Fratzen,
stößt sie den Menschen zum Schornstein hinein,
daß sie sich lagern auf ihre Matratzen
und sich umfassen mit kaltem Gebein.

Mann und Weib flüchten näher zusammen,
bannen die Angst in verzweifeltem Kuß...
Kinder werden von ihnen stammen,
die der Torbogen hüten muß.

Joachim Ringelnatz:

Leere Nacht

Es ließ ein Huhn sich braten.
Ich roch es. Doch es lockte nicht.
Mich grüßten zwei Soldaten.
Sie hatten kein Gesicht.

Ich schritt an Licht und Scheinen
Vorbei. Und schritt. Und schritt vorbei.
Ich sah ein Mädchen weinen.
Doch meine Brille ging entzwei.

Ein Bogen strich die Geige,
Und Stumme tranken Luft.
Mich streiften nasse Zweige,
Und irgend jemand sagte „Schuft".

Bin beinah überfahren,
Das Auto hat mich ausgelacht.
Wo meine Freunde wohl waren,
In dieser gottvergessenen Nacht?

Ernst Blass:

Nachts

Ich bin gegangen durch viele Straßen
In dem mir scheinbar bekannten Berlin.
Ich sprach mit Menschen, die neben mir saßen.
Sie grüßten mich und ließen mich ziehn.

Nun liege ich einsam in den Kissen
Und fühle nur, daß alles war.
Und dennoch ist es mir ganz entrissen
Und auch im Grunde gar nicht klar.

Auf meinem Nachttisch tickt die Uhr,
In meiner Nähe ist ein Schrank.
Und ich, dem alles widerfuhr,
Bin nicht gesund und bin nicht krank.

Ich seh noch eines Mädchens Glieder,
Und höre Plaudern überall,
Dazwischen meiner eigenen Lieder
Einsilbig alten Regenfall.

Dort vor dem Fenster ist die Straße,
Das nächtlich windige Berlin.
Die ihr mich meßt mit falschem Maße,
Laßt mich, ich bitt euch, wieder ziehn.

Günther Birkenfeld:

Am Kanal

Im Tierpark durch die starren
tropfenden Bäume zu gehn,
am Wehre über dem Knarren
nebelnder Kähne zu stehn...
nur vom singenden Gaslicht
manchmal umfacht zu sein,
nur die raunende Stimme
dieser Nacht zu sein.

Auf der Wölbung des Weges
klopft unser einziger Schritt,
wolkige Lampe des Mondes
taumelt drobenhin mit...
nur vom Rauschen des Wehres
ferner geleitet zu sein,
und vom Atem des Windes
sehr geweitet zu sein!

Krähe auf pechschwarzem Pfahle:
also stirbt jedes Begehr.
Hauch über gleitendem Spiegel:
anderes sind wir nicht mehr.
Kommen und Gehen des Wassers,
Steigen und Fallen des Bluts:
also sind wir der Erde,
stillen verschwisterten Muts!

Otto Ernst Hesse:

Stadtnacht

Nieder riß die Stadt die Sterne,
spießte sie auf Stahl und Stein.
Bogenlampen, grelle Sonnen,
sprühn die schiebenden Kolonnen
auf den Plätzen weißlich ein.

Straßen saugen Mensch und Wagen
gierig von den Plätzen auf.
Stählern packt der dumpfe Rhythmus
jedes, daß es fließend mit muß
in den Strom von Schweiß und Kauf.

Läden leuchten ferne Länder,
da jetzt Tag die Äcker wiegt.
Cafés, Autos, Telegrafen —
wie die Nacht sie Lügen strafen!
Sonne, ja du bist besiegt!

Sonne, ja sie lachen deiner
und gebären selbst den Tag.
Immer wieder Promethiden
werden sie dein Schicksal schmieden,
bis dein Wunder unterlag.

Hans Sturm-Gundal:

Mitternächtige Heimkehr

Ich blicke müd von meiner Arbeit auf
und weiß: mich trägt und treibt ein fremder Wille.
Die laute Straße wirft in meine Stille
verworrene Dinge mattgedämpft herauf.

Hier hab ich mich verschrieben fremder Macht
und ward im wilden Strudel mitgerissen.
In grauen Zweifeln, wehen Bitternissen
geht wild der Tag und ohne Schlaf die Nacht.

Dann ruft die Heimat über Länder weit
mich aus der engen, dumpfen Großstadtgasse
mit ihrer harten, gierenden Grimasse,
in helle Weite, grüne Einsamkeit.

Dort bin ich wieder gläubig wie ein Kind,
das Glocken lauscht an fernen Waldessäumen,
wenn seine müdgespielten Stunden träumen
in Gottes Arm wie Wolke, Baum und Wind.

Hans Kern:

Gleisdreieck

Die Kurve biegt sich ängstlich in den Zug,
Der zögert... und beginnt den Brückenflug...

Das Stahlgerüst erdröhnt, der Boden grollt,
Ein eisernes Gewitter wogt und rollt.

Es wetterleuchtet rot und grün und weiß:
Vor meinen Augen tanzt ein Flammenkreis,

Die Schienenstränge glimmen angefacht
Und schießen wie Raketen in die Nacht.

Im tauben Traum erschrickt die Häuserfront
Und drückt sich fiebernd an den Horizont...

Der ätherblaue Himmel atmet schwer,
Gestirnte Kuppel überm Feuermeer...

Peter Strom:

Wartesaal

Flutleben, das um Tisch und Bänke spielt,
Wird gleich versickert und erloschen sein;
Ameisenhaufen, sinnlos aufgewühlt,
Der Platz wird leer und ausgestorben sein;
Traumdunkle Hand, die Schlafende bestiehlt,
Wird bald enttäuscht und ganz ernüchtert sein;
Und jeder flüchtige Trank, der wärmt und kühlt,
Wird abgestanden und verdorben sein;
Beschmutzte Gläser, endlos fortgespült,
Sie werden endlos wieder schmutzig sein — — —
Und ist kein Atem, der den andern fühlt,
Zug fährt um Zug und wird entschwunden sein.

Walter Beck:

Stationen

Es regnet still. Komm Knabe, wir wollen spazieren gehn.
Siehst du die Laternen klar zwischen Bäumen stehn?
Und ihre Lichter in glänzende Blätter schlüpfen,
und Tropfen in glitzernde Pfützen hüpfen?

Ich seh das, Ohm; aber ich seh noch viel mehr:
seh einen Mann, der unsagbar schwer
zwischen den Bäumen nach einer Bank sich tastet,
auf der eine alte Frau schon rastet.

Seh an schmaler Tür ein brünstiges Mädchen kauern,
spür ihre Augen meine Schenkel umlauern,
höre Kindesweinen, Türschlagen, Schießen,
und Alles im einförmigen Regen zusammenfließen —

aber was immer zwischen dem Einzelnen liegt
kann ich nicht hören und sehn —

Schließe die Augen, Knabe. Wir wollen zur Mutter gehn.

Herbert Fritsche:

Heimfahrt

In die Sturmnacht greift ein Erinnern: Sarottipackung
                im Moos.
Durch das Rädergeratter singt leise
Ein Vers von Mühlen, Märzfeldern, dem Burgwald und
                einem sehnsüchtigen Schoß,
Singt leise
Und fällt wie der Stolz eines Mimen in den Applaus
                der Geleise.
Untiere greifen mit Mitternachtsrüsseln,
Turmuhren hängen in der Nacht wie lockendes Geld,
Und gewaltiger noch als der Schienenapplaus
Pfeift Satan auf der Schlote mächtigen Schlüsseln
Gottes schlechte Komödie Welt
Aus.

Erich Mühsam:

Dämmerung

Traurig ist's und jämmerlich,
wenn der Mensch im Dämmerlicht
früh den Weg nach Hause sucht
und dabei die Welt verflucht.

Aus dem grauen Pflasterstein
grinst Verzweiflung, Laster, Pein,
und vom schwanken Lampenpfahl
flackert Aberwitz und Qual.

In des Menschen bangem Leid
stöbert die Vergangenheit, —
und er steigt voll Scham und Schmach
einer späten Hure nach.

Fred von Zollikofer:

Am Bahndamm

Du stehst am Fenster und schaust hinaus.
Die Schienen gleißen im Licht.
Sie singen: die Weiten sind aufgetan.
Dein Traum wird wach, deine Trauer zum Wahn,
Und du weißt nichts mehr vom schützenden Haus
Und nichts vom vertrauten Gesicht.

Die Wege des Winters! Du läßt sie zurück,
Die Stationen im Januargrau. —
Bald fangen die großen Wälder dich ein
Und Berge und Meere! Sie werden dein!
Die Ferne erfährst du! Den hoffenden Blick
Umschließt schon ein südliches Blau.

Es rollen die Züge. Wohin? Wohin?
Für die Sehnsucht gibt es kein Ziel.
Schon wölben sich Brücken! Du gleitest entlang
An Rebenketten und Küstengesang:
Dein Leben erhält einen leuchtenden Sinn:
Es wird zum lockenden Spiel!

Heinz Zucker:
Heilsame Selbstberuhigung über das Leben in den großen Städten

Der Großstadtmensch ist für die Ruhe nicht geschaffen,
Und keine falsche Einsamkeit kennt seine Welt,
Sie hat befehlend ihre ausgeprobten, straffen
Und nie dem starren Wunsch gefügen Straßen vor ihm
aufgestellt.

Damit er seine kleine Sehnsucht bald verlerne,
Hat dicht sie Schlote aufgeführt wie Balken eines Zauns,
Von ihren Nervensträngen grell durchpocht, zerfiel das
Reich des Fauns.
Und nachts bekämpft mit großer Lichterflut erfolgreich
sie die Sterne.

Schon früh führt aus den heimatlichen Häusern sie am
Gängelbande
In pralle Bauten Mensch um Mensch, da bleibt er denn
gebannt.
Auch spielt sie Schicksal, das ihn hinter Glas und
Schranken lande,
Da hat er dann ein Ziel, als Rad ins Räderwerk gespannt.

Wer sagt, die wichtigen Kanäle wären nur gemacht,
Daß man aus Lebensüberdruß von Brücken in sie
springe?

Er hat nicht Zweck und Sendung einer großen Stadt
bedacht,
In ewigem Bestreben unterdrückt sie alle Dinge.

Die Menschen sind hier nur erlaubt als Glieder einer
Kette
Und sterben ab, wenn sie der Stadt den schuldigen
Tribut gebracht.
Sie gelten nichts, jedoch das Wunderwerk der Städte
Hat rückgratsstärker jede Sterblichkeit verlacht.

Der Großstadtmensch ist für die Ruhe nicht geboren,
Selbst träumend sieht er nur, was laut und fordernd
ihn bewegt.
Doch glaubt er, daß die Erde, scheinbar unterm
Stein verloren,
Noch atmend ihren Saft auch durch die grauen Mauern
schlägt.

Es ist doch eine Herrlichkeit um dieses: Stein. Nur
das Gefühl
Des Schwächlings glaubt sich durch die kühne Form
gezüchtigt,
Die Angst, die uns in ungeschützten Ebenen befiel,
Hat wache Sicherheit der starken Mauern bald be-
schwichtigt.

Motorisch durch die Hetzjagd des erregten Tags ge-
trieben,
Fürsorglich über heller Resonanz der Straßen balanciert,
Sind schon aus Furchtsamkeit der Stadt wir treu
geblieben,
Die in verschlossner Dankbarkeit besänftigt uns regiert.

Walter Mehring:

Provokation

Die Poesie?
Ich pfeif' auf sie
Und eure Mondidyllen!
Ob's ideal
Ist pipegal
Wir singen in den Destillen!
Und klingt's nicht schön / hat's den Effekt
Daß es den Bürger grusel /
Und wenn's nicht ganz nach heilig schmeckt
Riecht's doch nach Weihrauchfusel!
Wir singen immer weiter noch
Die höllischen Choräle
Aus voll verschnapster Seele
Bis auf dem letzten allerletzten allerletzten Loch!

Im Lustgekreisch
Beim Weiberfleisch
Gebeizt von Tabaksschloten
In Feuerland
Am Möwenstrand
Und hoch bei den Lofoten /
Wo ein Matros' besoffen lallt
Im tiefsten Walfischtrane
In Potsdam hinterm Grunewald
Auf einem Äppelkahne
Im Großstadtmeer — am Jungfraujoch
Die machen noch Musike
Mit schweinischem Gequieke
Bis auf dem letzten allerletzten allerletzten Loch!

In Kohlenschacht
Und Vorstadtnacht
Die alten Plattenbrüder /
Im Schauhaus und
Beim Leichenfund

Die haben noch ihre Lieder
Und was so hinterm Bauzaun reift
Bei längst vergilbten Knochen
Und was sich nachts der Louis pfeift
Wenn einer abgestochen
Zu Tod gehetzt im Zuchthausloch
Die wimmern noch Duette
Mit Satan um die Wette
Bis auf dem letzten allerletzten allerletzten Loch!

Die Poesie!
Ich pfeif' auf sie
Den alten Leierkasten
Samt Melodie
Und Dichtern, die
Zu eurem Schwindel paßten!
Und klingt's nicht fein, laßt uns in Ruh'
Wenn euch die Ohren gellen,
Dann pauken wir den Takt dazu
Auf euren Trommelfellen!
Und singen wir nicht, wir pfeifen noch
Bis wir von unsern Lungen
Den letzten Ton erzwungen
Bis auf dem letzten allerletzten allerletzten Loch!

INHALTSVERZEICHNIS:

MAX BARTHEL
    Alfred Born 104
    Erna Kühne 105
    Stimmt ihr großes Instrument 174

WALTER BAUER
    Während der Fahrt 22
    So lebt der Mensch in diesem Jahrhundert 54
    Zu Zeiten befällt mich die grundlose Unruhe . . . 78
    Ein Mann, der Nachtschicht hat 93

JOHANNES R. BECHER
    Das Lied vom überflüssigen Menschen 65

WALTER BECK
    Stationen 190

GERDA VON BELOW
    Der Teerwagen 37
    Spärliches Glück 38
    Die Kette 65
    Dachkammer 150

WERNER BERGENGRUEN
    Große Städte 46
    Das Warenhaus 138
    Amerikanische Schaukel 148

GÜNTHER BIRKENFELD
    Am Kanal 187

ERNST BLASS
    Der Hund 171
    An Baby 180
    Nachts 186

HANS FRIEDRICH BLUNCK
    Arme Frau im Lärm 87

OSCAR LUDWIG BRANDT
  Unser Kind, meine Frau und ich 71
  Ein Angestellter Ende August 103
BERT BRECHT
  Aus dem „Lesebuch für Städtebewohner":
  Trenne dich von deinen Kameraden 16
  Laßt eure Träume fahren 17
  Er ging die Straße hinunter 84
GEORG BRITTING
  Der Kamin 168
  Abendliche Großstadtstraße 170
AUGUST BRÜCHER
  Park Bellevue 39
  Blick vom Funkturm 41
HERMANN CLAUDIUS
  Fierawend in' Haben 167
  De Fabrikschossteen 167
ERWIN DOROW
  Die Verwandlung 47
  Gebet der armen Liebenden 82
FRITZ DROOP
  Auf der Neckarbrücke in Mannheim 133
GRAHAM EISFISCH-WORBELICHT
  Die Läden New Yorks 125
FRITZ ENGEL
  Symphonie Berlin 42
  Berlinerinnen 97
LION FEUCHTWANGER
  Vom richtigen Benehmen Damen gegenüber 108
WERNER FINCK
  Alle Jahre wieder 103
GEORG FINK
  Haus in Berlin O 33
EDMUND FINKE
  Die Frau mit dem Hute 87
HELMUT FLIEG
  Melancholie vom 5. Stock 151

GÜNTHER FRANZKE
Karriere Berlin 25
Ich und Berlin 149

HERBERT FRITSCHE
Heimfahrt 191

WALTER HANS GIESE
Kleines Lied vom Leben 53
Asphaltstrophen 183

GEORGE A. GOLDSCHLAG
Hamburg 131
Die Ballade von der Untergrundbahn 165
City 173

MICHAEL GORLIN
Die Universität 39
Die Stadt der Nina Alexandrowna 135

WALTER GUTKELCH
Gebet eines Stadtliebhabers 43
Der Bandoniumspieler 101

SEPP HAMBURGER
Im Armenviertel 24
Sommer-Sonntag in der Stadt 156

JAKOB HARINGER
Die Elektrische 28
Volkslied 147

OTTO ERNST HESSE
Schöner Asphaltstampfer 89
Stadtnacht 188

MAX HERRMANN (NEISSE)
Die Gastwirtstochter 94
Die Räuber 119
Breslauer Winternacht 130
Bahnhof Zoo-Tiergarten 137

LEO HIRSCH
Bis zum großen Coup 58
Fürsorge 81
Romanze vom Wedding 113
London 126

OSSIP KALENTER
   Wer ohne Geld durch diese Täler zieht 75
   Auf eine Eisverkäuferin 95

ERICH KÄSTNER
   Berlin in Zahlen 72
   Sozusagen in der Fremde 83
   Berlin im Regen 140
   In der Seitenstraße 175

HANS KERN
   Gleisdreieck 189

MARTIN KESSEL
   Mahlstrom 57
   Abgott 72
   Mythos vom Arbeitstier 76
   Der Schlottermann 86
   In die Straße gefragt 158

HERMANN KESTEN
   Unpassende Romantik in Berlin 163

HANS ALFRED KIHN
   Stadtbahnfahrt über Berlin 19
   Karnevalsvision in Berlin O 178

WALTER KORDT
   Die Kantate der Gelassenheit 61

THEODOR KRAMER
   In den Zufahrtsstraßen zwischen den Fabriken . . . 12
   Müder Strolch 100
   Winterhafen 112
   Brief aus der Stadt 159
   Der letzte Abend 164

ARNOLD KRIEGER
   Die Werft 23
   Der Mann im Stellwerk 92
   Neubau 146

EBERHARD KUHLMANN
   Engel im Baugerüst 110
   Kurzer Bericht über Pypan, den Boy von Royal Pavillon 116

RUDOLF LEONHARD
   Place Dauphine 128
   Marseiller Romanze 134

HEINRICH LERSCH
   Lokomotivschuppen 13
ERNST LISSAUER
   Panische Erweckung 32
HANS LORBEER
   Frühling am Bretterzaun 36
FRANZ MAHLKE
   Hafen im Frühnebel 22
   Zeitungsträgerin 91
WALTER MEHRING
   Mond und Liebe über großen Städten 63
   Lied vom trocken Brot 78
   Provokation 194
KURT ERICH MEURER
   Schwarzer Sonntag 157
   Hospitalfenster 160
ALFRED RICHARD MEYER
   Aus: „Kleine Berliner Gastronomie":
   Aschinger 28
   Chinesisches Restaurant 49
   Kartoffelpufferstube 141
   Horcher 176
NIKOLAI MICHELSOHN
   New York 124
ERIKA MITTERER
   Tennisplatz am Morgen 27
GERHART HERRMANN MOSTAR
   Funktürme 40
   Packer 89
   Der Tänzer auf der Antenne 114
   Straßen ins Feld 142
ERICH MÜHSAM
   Der Torbogen 185
   Dämmerung 192
ARNO NADEL
   Meine Straße 152

ALFRED PRUGEL
  Hofsänger am Abend 118
  Die Wolkenheere 169

HANS REIMANN
  Worauf es ankommt 60

HANS REISER
  Am Morgen 24
  Paris 128

JOACHIM RINGELNATZ
  Berlin (An den Kanälen) 132
  Natur 156
  Es schneit 161
  Leere Nacht 186

OTTO ROMBACH
  Abendlied an der Schleuse 162

THEODOR SAPPER
  In der Stadt 45
  Das letzte Lächeln 64

PETER SCHER
  Der sonderbare Mann am Fenster 85

WALTER SCHIRMEIER
  Wie wir wohnen 51
  Photomaton 98

KARL SCHNOG
  Vom Geldverdienen 59
  Kinder im Kaufhaus 96

BRUNO SCHÖNLANK
  Wir sind keine Hirten 52
  Laufendes Band 56

GEORG SEIDLER
  Schrebergärten 144

HANS SEIFFERT
  Ohne Himmel und Erde 155

ROBERT SEITZ
  Einfahrt in eine fremde Stadt 15
  Die Stiefel 74
  Städte 130

ARTHUR SILBERGLEIT
   Im Schauhaus 109
SONKA
   In Wien 129
ROBERT ADOLF STEMMLE
   Neues Kreisspiel für Mädchen 35
PETER STROM
   Wartesaal 190
HANS STURM-GUNDAL
   Mitternächtige Heimkehr 189
MANFRED STURMANN
   Aufruf 49
   Ecce homo 75
W. E. SÜSKIND
   Lust zu leben 48
THEOBALD TIGER
   Häuser 29
   Ruhe und Ordnung 70
   Angestellte 102
BERNHARD TRINIUS
   Der Strom der Straße 172
KARL VAUPEL
   Vor der Stadt 11
   Seit gestern bleiben alle Leute stehn 44
   In der Laubenkolonie 143
HANNS VOGTS
   Wo bleibt die Tat? 69
FRANK WARSCHAUER
   Asphaltgesicht 31
   Schwierigkeit zu leben 73
   Die Flucht 159
CARL WEHNER
   Arbeitslos 80
ERICH WEINERT
   Exmittiert 79

GÜNTHER WEISENBORN
  Choral vom fremden Gesicht 54
ALFRED WERNER
  Bericht aus der Vorstadt 146
CURT WESSE
  Dächer und Türen 26
  Häuser am Abend 164
  Kino am Rande der Stadt 169
VICTOR WITTNER
  Briefträger 91
  Elf Uhr nachts 183
ALFRED WOLFENSTEIN
  Einen Griff verfehlt 122
PAUL ZECH
  Da strömen wir ein zu den südlichen Meeren . . . 136
  Liebesballade im Regen 177
GEORG ZEMKE
  Die Gitter 36
  Bannmeile des täglichen Lebens 77
  Eine Invalidenkarte erzählt 88
FRED VON ZOLLIKOFER
  Am Bahndamm 192
HEINZ ZUCKER
  Weckruf 18
  Nachtarzt auf der Rettungswache 99
  Als sich das Stadion plötzlich verdunkelte 121
  Heilsame Selbstberuhigung über das Leben in den
    großen Städten 193

QUELLENANGABE:

BERT BRECHT:
„Trenne dich von deinen Kameraden"
„Laßt eure Träume fahren"
„Er ging die Straße hinunter"
aus „Versuche Heft II", Gustav Kiepenheuer Verlag

LION FEUCHTWANGER:
„Vom richtigen Benehmen Damen gegenüber"
aus I. L. Wetcheek's Amerikanischem Liederbuch

GÜNTHER FRANZKE:
„Karriere Berlin"
„Ich und Berlin"
aus „Gesänge gegen bar", Wolfgang Jess Verlag

MICHAEL GORLIN:
„Die Universität"
„Die Stadt der Nina Alexandrowna"
aus „Märchen und Städte", Verlag W. Hoffmann, Berlin-Steglitz

WALTER GUTKELCH:
„Der Bandoniumspieler"
aus „Gedichte", Verlag W. Hoffmann, Berlin-Steglitz

LEO HIRSCH:
„Bis zum großen Coup"
„Romanze vom Wedding"
aus „Dackellieder", Merlin Verlag

WALTER KORDT:
„Die Kantate der Gelassenheit"
aus „Ruhrstädte", Verlag „Der Aufbruch" Kurt Virneburg

WALTER MEHRING:
„Lied vom trocken Brot"
„Mond und Liebe über großen Städten"
„Provokation"
aus „Arche Noah SOS", S. Fischer Verlag

JOACHIM RINGELNATZ:
„Berlin"
aus „Reisebriefe eines Artisten", Ernst Rowohlt Verlag
„Leere Nacht"
„Natur"
aus „Flugzeuggedanken", Ernst Rowohlt Verlag
„Es schneit"
aus „Allerdings", Ernst Rowohlt Verlag
BRUNO SCHÖNLANK:
„Laufendes Band"
aus „Der gespaltene Mensch", Volksbühnen-Verlag, Berlin
THEOBALD TIGER (Kurt Tucholsky):
„Häuser"
„Angestellte"
aus „Mit 5 PS", Ernst Rowohlt Verlag
„Ruhe und Ordnung"
aus „Das Lächeln der Mona Lisa", Ernst Rowohlt Verlag
GEORG ZEMKE:
„Gitter"
aus „Die Gitter", Verlag „Der Aufbruch"
„Bannmeile des täglichen Lebens"
„Die Invalidenkarte"
aus „Bannmeile des Lebens", Verlag der Rabenpresse
HEINZ ZUCKER:
„Nachtarzt"
„Stadion"
„Selbstberuhigung"
aus „Poet von heute", W. Hoffmann Verlag, Berlin-Steglitz

KORRIGIERTE QUELLENHINWEISE
ZUR NEUAUSGABE DER VORLIEGENDEN ANTHOLOGIE

WERNER FINCK:
„Alle Jahre wieder"
aus: Werner Finck, „Alter Narr, was nun?"
© by F. A. Herbig Verlagsbuchhandlung, München

WERNER BERGENGRUEN:
„Große Städte"
aus: Werner Bergengruen, „Figur und Schatten"
© 1958 by Verlags AG Die Arche, Zürich

KURT TUCHOLSKY:
„Häuser", „Ruhe und Ordnung", „Angestellte"
aus: Kurt Tucholsky, „Gesammelte Werke"
© 1960 by Rowohlt Verlag GmbH, Reinbek

RUDOLF LEONHARD:
„Marseiller Romanze", „Palce Dauphine"
© Verlag der Nation, Berlin (DDR)

ERICH KÄSTNER:
„Berlin in Zahlen", „Sozusagen in der Fremde",
„Berlin im Regen" (Nasser November), „In der Seitenstraße"
aus: Erich Kästner, „Gesammelte Schriften", Bd. 1, Gedichte
© Atrium Verlag AG, Zürich

JOACHIM RINGELNATZ:
„Berlin", „Natur", „Es schneit", „Leere Nacht"
aus: Joachim Ringelnatz, „Das Gesamtwerk", Band 1
© by Henssel Verlag, Berlin

BERTOLT BRECHT:
„Trenne dich von deinen Kameraden auf dem Bahnhof",
„Laßt eure Träume fahren", „Er ging die Straße hinunter"
aus: Bertolt Brecht, „Gesammelte Werke"
© Suhrkamp Verlag, Frankfurt am Main 1967

LION FEUCHTWANGER:
„Vom richtigen Benehmen Damen gegenüber"
© by Aufbau Verlag, Berlin und Weimar

JOHANNES R. BECHER:
„Das Lied vom überflüssigen Menschen"
© by Aufbau-Verlag, Berlin und Weimar

Bauwelt Fundamente

1 Ulrich Conrads (Hrsg.), Programme und Manifeste zur Architektur des 20. Jahrhunderts
2 Le Corbusier, 1922 – Ausblick auf eine Architektur
3 Werner Hegemann, 1930 – Das steinerne Berlin
4 Jane Jacobs, Tod und Leben großer amerikanischer Städte*
5 Sherman Paul, Louis H. Sullivan*
6 L. Hilberseimer, Entfaltung einer Planungsidee*
7 H. L. C. Jaffé, De Stijl 1917–1931*
8 Bruno Taut, Frühlicht 1920–1922*
9 Jürgen Pahl, Die Stadt im Aufbruch der perspektivischen Welt*
10 Adolf Behne, 1923 – Der moderne Zweckbau*
11 Julius Posener, Anfänge des Funktionalismus*
12 Le Corbusier, 1929 – Feststellungen*
13 Hermann Mattern, Gras darf nicht mehr wachsen*
14 El Lissitzky, 1929 – Rußland: Architektur für eine Weltrevolution*
15 Christian Norberg-Schulz, Logik der Baukunst*
16 Kevin Lynch, Das Bild der Stadt*
17 Günter Günschel, Große Konstrukteure 1
18 nicht erschienen
19 Anna Teut, Architektur im Dritten Reich 1933–1945*
20 Erich Schild, Zwischen Glaspalast und Palais des Illusions
21 Ebenezer Howard, Gartenstädte von morgen
22 Cornelius Gurlitt, Zur Befreiung der Baukunst*
23 James M. Fitch, Vier Jahrhunderte Bauen in USA*
24 Felix Schwarz und Frank Gloor (Hrsg.), „Die Form" – Stimme des Deutschen Werkbundes 1925–1934
25 Frank Lloyd Wright, Humane Architektur*
26 Herbert J. Gans, Die Levittowner. Soziographie einer »Schlafstadt«
27 Günter Hillmann (Hrsg.), Engels: Über die Umwelt der arbeitenden Klasse
28 Philippe Boudon, Die Siedlung Pessac – 40 Jahre*

29 Leonardo Benevolo, Die sozialen Ursprünge des modernen Städtebaus*
30 Erving Goffman, Verhalten in sozialen Strukturen*
31 John V. Lindsay, Städte brauchen mehr als Geld*
32 Mechthild Schumpp, Stadtbau-Utopien und Gesellschaft*
33 Renato De Fusco, Architektur als Massenmedium
34 Gerhard Fehl, Mark Fester und Nikolaus Kuhnert (Hrsg.), Planung und Information
35 David V. Canter (Hrsg.), Architekturpsychologie
36 John K. Friend und W. Neil Jessop (Hrsg.), Entscheidungsstrategie in Stadtplanung und Verwaltung
37 Josef Esser, Frieder Naschold und Werner Väth (Hrsg.), Gesellschaftsplanung in kapitalistischen und sozialistischen Systemen*
38 Rolf-Richard Grauhan (Hrsg.), Großstadt-Politik*
39 Alexander Tzonis, Das verbaute Leben*
40 Bernd Hamm, Betrifft: Nachbarschaft
41 Aldo Rossi, Die Architektur der Stadt*
42 Alexander Schwab, Das Buch vom Bauen
43 Michael Trieb, Stadtgestaltung*
44 Martina Schneider (Hrsg.), Information über Gestalt
45 Jörn Barnbrock, Materialien zur Ökonomie der Stadtplanung
46 Gerd Albers, Entwicklungslinien im Städtebau*
47 Werner Durth, Die Inszenierung der Alltagswelt*
48 Thilo Hilpert, Die Funktionelle Stadt
49 Fritz Schumacher (Hrsg.), Lesebuch für Baumeister
50 Robert Venturi, Komplexität und Widerspruch in der Architektur
51 Rudolf Schwarz, Wegweisung der Technik und andere Schriften zum Neuen Bauen 1926-1961
52 Gerald R. Blomeyer und Barbara Tietze, In Opposition zur Moderne
53 Robert Venturi, Denise Scott Brown und Steven Izenour, Lernen von Las Vegas
54/55 Julius Posener, Aufsätze und Vorträge 1931-1980
56 Thilo Hilpert (Hrsg.), Le Corbusiers „Charta von Athen". Texte und Dokumente. Kritische Neuausgabe
57 Max Onsell, Ausdruck und Wirklichkeit
58 Heinz Quitzsch, Gottfried Semper – Praktische Ästhetik und politischer Kampf

59 Gert Kähler, Architektur als Symbolverfall
60 Bernard Stoloff, Die Affaire Ledoux
61 Heinrich Tessenow, Geschriebenes
62 Giorgio Piccinato, Die Entstehung des Städtebaus
63 John Summerson, Die klassische Sprache der Architektur
64 bisher nicht erschienen
65 William Hubbard, Architektur und Konvention
66 Philippe Panerai, Jean Castex und Jean-Charles Depaule, Vom Block zur Zeile
67 Gilles Barbey, WohnHaft
68 Christoph Hackelsberger, Plädoyer für eine Befreiung des Wohnens aus den Zwängen sinnloser Perfektion
69 Giulio Carlo Argan, Gropius und das Bauhaus
70 Henry-Russell Hitchcock und Philip Johnson, Der Internationale Stil – 1932
71 Lars Lerup, Das Unfertige bauen
72 in Vorbereitung
73 in Vorbereitung
74 Walter Schönwandt, Denkfallen beim Planen
75 Robert Seitz und Heinz Zucker (Hrsg.), Um uns die Stadt
76 Walter Ehlers, Gernot Feldhusen und Carl Steckeweh (Hrsg.), CAD: Architektur automatisch?

---

*vergriffen

Bei Fragen zur Produktsicherheit wenden Sie sich bitte an:
If you have any questions regarding product safety,
please contact:

Birkhäuser Verlag GmbH
Im Westfeld 8
4055 Basel, Schweiz
productsafety@degruyterbrill.com